W0099957

Bernhard Firgau
Schicksalsgefährten und ihr Sonnengeheimnis

Standardwerke der Astrologie

Bernhard Firgau

Schicksalsgefährten und ihr Sonnengeheimnis

CHIRON VERLAG

Deutsche Erstausgabe

ISBN 978-3-89997-242-9
© Chiron Verlag Tübingen, 2015

Druck: Finidr, Český Těšin, CZ
Umschlag: Judith Hamann unter Verwendung eines gemeinfreien Fotos der
U.S. Navy 1984 (en.wikipedia.org)

Zu beziehen im Buchhandel oder über:
Chiron Verlag, Postfach 1250, D-72002 Tübingen
www.chironverlag.com

Inhalt

Gott schreibt nicht mit der Tinte der Scribentes,
sondern mit dem Leben der Menschen und Völker.

Peter Berling

Vorwort

Ihre Augen haben sicher auch schon einmal die kühnen Schwünge eines Vogelschwarms verfolgt. Hunderte von Vögeln haben wie ein einziger Vogel eine Linie mit waghalsigem Tempo in den Himmel gezeichnet. Wie kann jedes dieser einzelnen Wesen so koordiniert mit so vielen anderen fliegen? Hat ein einzelner Vogel ein Bewusstsein, einer solchen Ganzheit zu folgen oder tut er es einfach? Bei Zugvögeln kommt ein weiteres Wunder dazu. Sie sammeln sich, um gemeinsam in ihr Winterquartier zu fliegen. Als hätten sie alle miteinander eine Verabredung an einem bestimmten Ort zu einer bestimmten Zeit.

Gibt es dieses Schwarmverhalten auch bei Menschen, ohne dass sie sich dessen bewusst sind? Menschen steigen am selben Tag in denselben Zug ein und kommen dann am selben Ort gemeinsam ums Leben, weil ihr Zug entgleist ist. Hier werden derartige Beispiele vorgestellt, wie Menschen offenbar schicksalhaft verbunden sind durch ein gemeinsam erlebtes Ereignis, ohne von dieser Gemeinschaft mit den anderen Menschen etwas zu ahnen. Wer oder was hat ihre Lebensläufe durch ein Ereignis taggenau so miteinander verbunden? Mir selbst liegt es fern, eindeutige Antworten zu geben, weil ich es nicht kann. Die Fälle liegen zwischen den Polen Zufall und schicksalhafter Notwendigkeit. Am Ende habe ich von Rudolf Steiner ein Zitat angefügt, welches vor übereilten Deutungen schützen möge. Mich haben diese Zusammenhänge tief berührt. Dem Leser möge die Lösung dieser Schicksalsrätsel überlassen werden, ein Erstaunen über die vorgestellten Fälle wird ihm sicher sein.

Ostern 2015
Dr. Bernhard Firgau

Das Schicksal
mischt die Karten

Heute wird alles irgendwie *ganzheitlich* gesehen, so wie Lebensmittel auf einmal alle *Bio* sind. Beide Begriffe sind Modeworte geworden. Viele verwenden den Begriff *Ganzheitlichkeit* mit der Bedeutung, dass alles mit allem zusammenhängt. Haben wir dadurch etwas an der Erkenntnis gewonnen, dass alles miteinander verbunden ist? Ist dies der berühmte Flügelschlag des Schmetterlings, der einen Wetterumschwung auslösen kann? Noch viel interessanter wäre es zu sehen, *wie* oder *warum* die Dinge zusammenhängen.

Hier beginnen die Schwierigkeiten erst richtig. Denn die Forschung überflutet uns mit immer neuen Entdeckungen. Wie in der Atomphysik die Zahl der entdeckten Elementarteilchen im letzten Jahrhundert sprunghaft zugenommen hat, scheint dies nach dem hermetischen Prinzip »Wie oben so unten« auch den Himmel und mit ihm die Astrologie infiziert zu haben. Es werden immer mehr Himmelskörper entdeckt und einige Astrologen rechnen schon mit Faktoren, die am Himmel noch nie gesehen wurden, deren baldige Entdeckung ihnen aber gewiss erscheint.

Die Menge macht es nicht, sondern die Qualität. Ein Buch beurteilen wir auch nicht nach der Anzahl der Buchstaben, sondern danach, was es uns sagt.

Die Suche nach der Ganzheitlichkeit endet also nicht damit, dass wir irgendwo einen Haufen Einzelteile sehen, sondern z.B., um bei diesem Bild zu bleiben, in einem Ameisenhaufen einen organisierten Ameisenstaat erkennen. Die Ameisen bilden zusammen etwas, was mehr als ihre rechnerische Anzahl ist. Die Verteilung der Aufgaben, der zeitliche Ablauf der einzelnen Tätigkeiten usw. vermittelt uns das Bild ihrer Ganzheit als Ameisenstaat. Die nur zahlenmäßige Erfassung ist eine statische Erkenntnis, die nichts Lebendes und Funktionierendes vermittelt, sondern nicht einmal eine tote Momentaufnahme. Sie bildet nicht das Wesen des Ganzen ab.

Jeder kennt inzwischen die sogenannte Schwarmintelligenz, seit Schätzing das Buch *Der Schwarm* geschrieben hat. Im Fernsehen ist bei Quizsendungen wie *Wer wird Millionär?* der Publikumsjoker die Spiegelung der Schwarmintelligenz auf einfachem Niveau. Weiß ein Kandidat nicht mehr weiter, fragt er das Publikum. Die Zuschauer können dann aus vier vorgegebenen Antworten eine auswählen. Die Antwort mit dem höchsten Prozentsatz ist fast immer die richtige. Bewertet wird ein Gruppenverhalten. Die Antwort wird danach bewertet, was die anderen dazu sagen, ob man mit seiner Meinung allein ist oder mit anderen zusammen eine Bedeutung bekommt.

Ist nicht auch die Demokratie so etwas? Richtig im Sinne von legitim sieht man die Entscheidung der Mehrheit. Sie kann unvernünftig sein, aber die Geschicke der Gemeinschaft richten sich danach. Auch dumme und unlogische Gesetze werden verbindlich, wenn und weil es der Wille der Mehrheit ist. Die Zahl derer, deren Wunsch nicht beachtet wird, ist geringer als die Zahl derer, die in der Abstimmung gewonnen haben. Es geht dabei nicht immer um den Inhalt, sondern die Art und Weise, wie sich eine Gruppe von Menschen zu einer gemeinsamen Überzeugung und Handlungsweise verbindet. »Der Klügere gibt nach« sagt eine Redensart und so bleibt die Vernunft möglicherweise um des Friedens willen auf der Strecke.

Ganzheitlichkeit im Sinne einer Zusammenfassung von Einzelnen zu einer Gruppe ist also nicht automatisch sinnvoll, gerecht oder klug. Auch die Mafia ist ein krakenähnlicher Organismus, ein Ganzes. Kaum jemand will so leben, viele müssen es dennoch. Gutes und Böses kann sich vernetzen und über den Einzelnen hinausweisen!

Die ganze Menschheit hat heute in der globalisierten Zivilisation ein kollektives Schicksal, ohne dass der Einzelne dem durch seine Entscheidung einfach entkommen könnte. Seine Mitwirkung am Ganzen kann aber gigantische Wirkung entfalten, ohne Rücksicht darauf, ob er sich dessen im Augenblick des Handelns bewusst gewesen ist. Man denke an Erfinder, die ganze Wirtschaftszweige entstehen lassen und andere ruinieren, Menschen zu Wohlstand verhelfen oder diese in Armut führen. Gleiches gilt für Menschen, die in der Öffentlichkeit mit einer einzigen Handlung ein positives Bild geben. In der Gegenwart sehen wir, wie einzelne Menschen z. B. die schier unglaublichen geheimdienstlichen Machenschaften in demokratisch scheinenden Ländern aufdecken und damit weltweite Erschütterungen hervorrufen.

Auf seinem Lebensweg geht jeder von uns Beziehungen zu anderen Menschen ein, ob er will oder nicht. Dabei können wir sie in einer Einzelbeziehung als Freund oder Gegner treffen. Doch wir begegnen nicht nur einem Menschen im Leben, und so gibt es darüber hinaus ganze Beziehungsgeflechte.

Es kommt ferner auf den richtigen Zeitpunkt an. Zu früh oder zu spät zu handeln kann Sinn und Bedeutung einer Handlung völlig verändern. Schießt ein Fußballer ein Tor nach dem Schlusspfiff, interessiert das niemanden mehr. Verpasste Gelegenheiten waren Gelegenheiten und sind es nicht mehr.

Wer? Mit wem? Wohin? Zu welchem Zeitpunkt? – so könnte die Zusammenfassung eines Lebensmusters lauten. Aber schon bei der Frage nach dem *Wer?* gibt es weitere Verknüpfungen, wenn wir mit unserer Einzelidentität zum Teil einer Gruppenidentität werden. Wieweit man die Verbindung von Menschen als Schicksalsgemeinschaft sehen mag und wieweit sich ein dahinter waltender Sinn erklären lässt, bleibt uns meist verborgen.

Mit dem Begriff »Schicksal« verbinden wir meist einen Blick auf den Verlauf des Lebens, Begegnungen mit Menschen und Ereignissen. Diese biografische Betrachtung hat vorwiegend etwas Zeitliches an sich. Wenig Beachtung findet die eher zeitlose Gestaltung und Prägung einer Landschaft, einer Stadt, unserer Umgebung durch die Entwicklung der Gesellschaft, die dort ihre Spuren hinterlässt. In früheren Zeiten wurden sakrale Gebäude oft nach astronomischen Gesetzmäßigkeiten errichtet und die Sakralbauten selbst als Mittelpunkt der Ansiedlung von Menschen empfunden. Solcherart astronomisch vermessene Siedlungen haben wie der Resonanzkörper eines Musikinstruments eine fortdauernde Schwingung zur Folge, was an einem Beispiel ebenfalls anschaulich gemacht werden soll. Das Leben in einer solchen Stadt oder einem bestimmten Teil der Stadt mag man als weitere schicksalhafte Gestaltung des eigenen Lebens empfinden.

Die Beispiele in diesem Buch illustrieren die unsichtbaren Zusammenhänge im Leben von Menschen, die sich oft gar nicht kennen.

Geschichten,
die das Leben schrieb

Gemeinsam zur Schule gehen:
Littleton (Colorado USA), Utøya (Norwegen)
und Tuusula (Finnland)

Wie jeden Tag gingen in Littleton (Colorado) die Schüler auch am
20.4.1999 zum Unterricht auf die *Columbine Highschool*. Nichts
deutete für sie auf die kommenden Ereignisse hin, die der Tag bringen
sollte. In Deutschland hätte man das Datum vielleicht mit Adolf Hitlers
110. Geburtstag in Verbindung gebracht und mit Neonaziaufmärschen
in der einen oder anderen Großstadt gerechnet, nicht jedoch im fernen
Amerika. Auch die beiden Schüler Eric Harris und Dylan Klebold
machten sich auf den Weg zur Schule, während ihre Mitschüler schon
alle über ihren Büchern saßen. Der Plan der beiden war schrecklich.
Sie wollten in der Schule eine selbst gebaute Bombe zünden und
anschließend möglichst viele Schüler töten, sobald diese in Panik aus
dem Gebäude stürmten. Damit beim Eintreffen der Polizei auf dem
Parkplatz vor der Schule auch möglichst viele Beamte ihr Leben
verlieren würden, hinterließen sie eine zweite Bombe in dem Auto, mit
dem sie zur Schule gekommen waren. Glücklicherweise versagten bei
beiden Bomben die Zeitzünder. Eric und Dylan kehrten deswegen in
das Schulgebäude zurück und schossen wahllos auf ihre Mitschüler.
Eine große Zahl wurde verletzt, zwölf Mitschüler und ein Lehrer
verloren ihr Leben. Anschließend erschossen sich die beiden Täter
selbst.

Eric Harris und Dylan Klebold hatten sich Hitlers Geburtstag
ganz bewusst für ihre Tat ausgewählt. Bei anderen Gelegenheiten
hatten sie ihre Mitschüler bereits mit dem Hitlergruß konfrontiert
und auch von »gewalttätigen Aktionen« und »natürlicher Auslese
unter den Menschen« gesprochen. In ihren Tagebüchern hatten sie ihre
Mordpläne detailliert beschrieben. Die Täter wussten um die Hitler-

Symbolik des gewählten Tages, der für viele Menschen der Todestag wurde. Aber sicherlich war ihnen nicht klar, welche symbolische Aussage in den *Geburts*tagen der Menschen stecken kann, die an diesem Tag ihr Leben verlieren würden. Tatsächlich wird aus den Geburtstagen noch etwas ganz anderes sichtbar. Um diese zusätzliche symbolische Aussage zu entschleiern, bedarf es einer zusammenfassenden Betrachtung der Geburtsdaten aller bei diesem Massaker getöteten Menschen, einschließlich der Täter selbst, die bei ihrer Tat selbst ihr Leben beendeten. Für mehrere Menschen kann man ein gemeinsames Geburtsdatum in der Weise errechnen, dass man ihre einzelnen Geburtstage addiert und durch die Zahl der betroffenen Menschen teilt (siehe ausführlich im Anhang). Astrologen nennen das bei zwei Menschen ein Combin, bei mehreren Personen ein Multicombin. Das in diesem Fall so errechnete gemeinsame Geburtsdatum aller Toten, der Opfer und der beiden Todesschützen von Little Colorado, fällt auf den **13.5.1980.**

Die Sonne steht in diesem Multicombin auf demselben Grad im Zeichen Stier wie am Gründungstag Israels am 14.5.1948. Der Gründungstag ist Symbol für das Überleben des jüdischen Volkes, Symbol eines Neuanfangs nach dem von Hitler gewollten Holocaust, der Vernichtung aller Juden. Insofern haben die Täter mit ihrem Schulmassaker am 20. April über das Signal für einen Massenmord hinaus auch unbeabsichtigt ein Zeichen für das Überleben derer gesetzt, die einer viel größer geplanten Vernichtung entkommen sind. Der ursprüngliche Plan, alle Schüler dieser Schule zu töten, wurde durch das Versagen der Technik relativiert und es überlebten dadurch erheblich mehr Menschen, als aufgrund des ursprünglichen Plans der Tat zu hoffen war. Ob für die mutmaßlich größere Anzahl von Opfern dasselbe Datum als Gemeinschaftsgeburtstag herausgekommen wäre, wenn die Zeitzünder funktioniert hätten? So wie es sich ereignet hat, kam jedenfalls ein Datum heraus, welches mit einer Nation verbunden ist, deren Kennzeichen seit biblischer Zeit der Überlebenskampf ist.

Auch bei den Anschlägen in Norwegen am 22.7.2011 erlangt das gemeinsame Schicksal der Opfer eine nationale Bedeutung. An diesem Tag detonierte zunächst gegen 15:25 MESZ in Oslo eine Autobombe vor dem Bürogebäude des Ministerpräsidenten. Dabei kamen acht

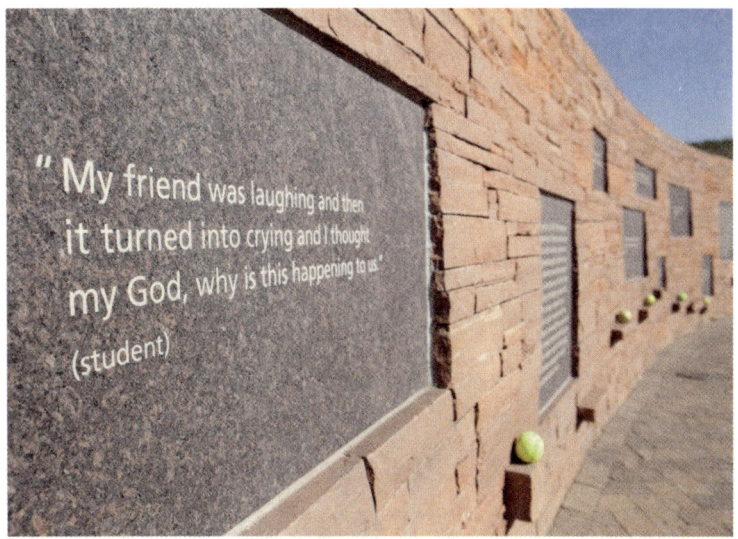

Abb. 1: Die Gedenkstätte Columbine Memorial, Littleton, Colorado

Menschen ums Leben. Bombenleger war Anders Breivik, ein Nationalist, der die ehemalige norwegische Ministerpräsidentin Gro Harlem Brundtland wegen ihrer Einwanderungspolitik im Internet bereits als »Landesmörderin« beschimpft hatte.

Brundtland hatte kurz vor dem Anschlag am selben Tag einen Vortrag auf der Ferieninsel Utøya gehalten. Als sie die Insel gerade verließ, traf Anders Breivik als Polizist verkleidet auf dieser Insel ein. Er nutzte die durch seinen Anschlag ausgelöste Unruhe und gab in dieser Verkleidung als Polizist vor, er wolle für den Schutz der 560 Kinder und Jugendlichen sorgen, für die die AUF, die Jugendorganisation der norwegischen Arbeiterpartei, ein Feriencamp errichtet hatte. Unter dem Schutz dieser scheinbaren Amtsautorität erschoss er dann kaltblütig weitere 69 Menschen.

Das Combin der 77 Opfer dieses Tages und des Täters selbst fällt auf den **15.8.1988.** Dieses Datum ist zwei Tage nach dem Jahrestag der Volksabstimmung zur Unabhängigkeitserklärung Norwegens am 13.8. 1905. Die Sonne befand sich an diesen beiden Tagen im Tierkreis genau

Abb. 2: Gedenkstätte für die Opfer des Anschlags auf Utøya

gegenüber ihrem Stand am Geburtstag des Täters Anders Breivik (*13.2.1979). Am 13.8.2012, dem Jahrestag der genannten Volksabstimmung legten die Behörden dann den Untersuchungsbericht zu den Anschlägen dem Ministerpräsidenten vor. Nach den Anschlägen erreichte das Lied *Mitt lille land* (Mein kleines Land) eine enorme Popularität als »Symbol der Trauer« und wurde als »neue Nationalhymne« bezeichnet.

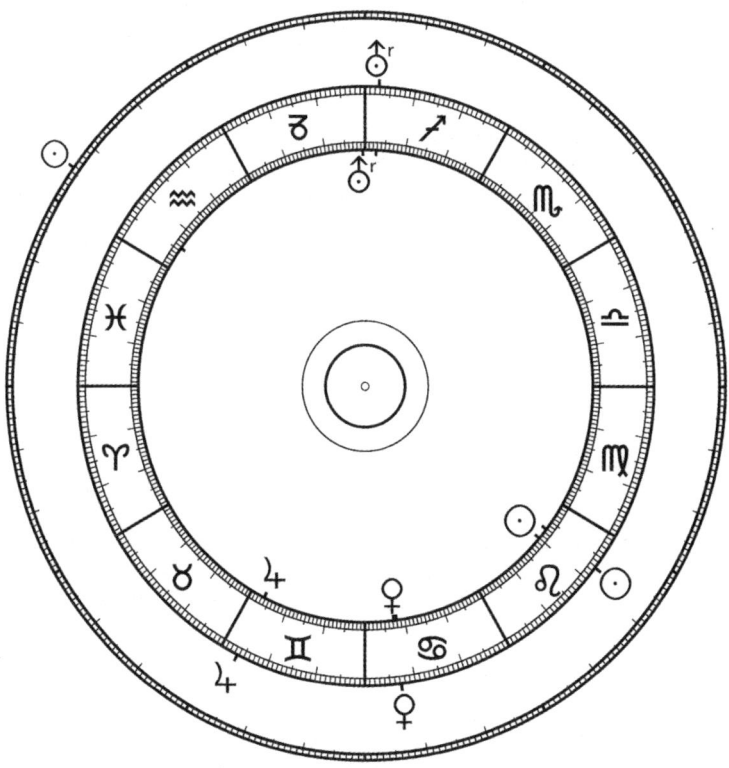

Abb. 3:
Innen: Volksabstimmung über Norwegens Unabhängigkeit 13.8.1905 und
Vorlage des Polizeiberichts 13.8.2012
Mitte: Combin der Opfer (einschließlich Täter) 15.8.1988
Außen: Geburtstag des Täters Anders Breivik 13.2.1979

Der Tag der Volksabstimmung 13.8.1905 und das Combin der Opfer (einschließlich Attentäter) 15.8.1988 zeigen eine weitere auffällige Übereinstimmung: Nicht nur der Sonnenrhythmus ist der gleiche. Die Sonne steht bei beiden ja nahezu an derselben Stelle im Tierkreis. Gleiches gilt auch für die Stellung von Venus, Jupiter und Uranus. Für Astrologen steht der Uranus für Unabhängigkeit und Revolution, der Jupiter für Recht und Ethik und die Venus für den Frieden.

Dass die Sonne des Täters im Tierkreis der Sonne des Landes gegenüber, also sprichwörtlich in Opposition steht, ist ein Phänomen, welches auch bei einem Schulmassaker an der Jokela-Schule in **Tuusula**, 50 Kilometer nördlich von Helsinki/Finnland, zu beobachten war. Der Täter Pekka-Eric Auvinen ist nämlich am 4.6.1989 geboren. Sein Geburtstag liegt im Kalender damit ein halbes Jahr vor dem Finnlands, welches am 6.12.1917 unabhängig geworden ist. Bei dem Amoklauf hatte der damals 18-jährige Schüler Pekka-Eric Auvinen am 7.11.2007 sieben Mitschüler und die Direktorin erschossen. Anschließend nahm er sich selbst das Leben. Dies war für Finnland das erste Schulmassaker überhaupt. Im Jahr darauf gab es erneut ein Schulmassaker in Finnland in Kauhajoki. Das führte dazu, dass am 29.9.2008 in Finnland die Vorschriften für den Besitz von Handfeuerwaffen verschärft wurden. Dieses Datum ist der 20. Jahrestag des 29.9.1988. Was war da? Es ist das Combindatum der später in Utøya (Norwegen) getöteten 77 Menschen (ohne den Täter).

Gemeinsame Nation:
Feuer am Kitzsteinhorn, Nebel in Smolensk

Am St. Martinstag 11.11.2000 bestiegen Winterurlauber in Kaprun die beiden Wagen »Kitzsteingams« und »Gletscherdrachen« der Gletscherbahn, die sie zu den Skigebieten am **Kitzsteinhorn** bzw. von diesen wieder zurück befördern sollten. Die Seilbahn führt die Züge durch einen Tunnel, wo sie sich begegnen. Kurz nach dem Start kam es an diesem Tag bereits in einem der beiden Wagen zu einer Rauchentwicklung. Ein technisch für diesen Zweck nicht zugelassenes Heizgerät war nämlich nachträglich eingebaut worden und defekt. Als Leitungen mit Hydrauliköl rissen, entzündete sich der Öldampf

Abb. 4: Rauch kommt aus der Bergstation Kitzsteinhorn

sofort an der Heizung und setzte alles im Wagen in Brand. Die Fahrgäste konnten weder Fenster noch Türen öffnen, da dies aus Sicherheitsgründen nur dem Zugführer bei stehendem Wagen möglich war. Als der Zugführer den Brand bemerkte, hielt er den Zug deswegen sofort im Tunnel an. Die Fahrgäste schlugen nun die Fenster ein und stürmten im Tunnel den Hang hinauf. Aber auch der giftige Qualm zog nach oben und wer dem Feuer entflohen war, erstickte außerhalb des Wagens im Rauch. Es gab 155 Tote.

Ganz anders als die Gewaltakte von Amokläufern empfinden wir Unglücksfälle, wenn sie auf technischem oder menschlichem Versagen beruhen und nicht mit Absicht herbeigeführt worden sind. Aber auch sie berühren die ganze Nation. Schauen wir auf das Combindatum, können wir wieder einen nationalen Bezug erkennen. Der gemeinsame Geburtstag der Todesopfer fällt auf den **12.10.1969.**

Paula von Preradovic, geboren am 12.10.1887, textete die Österreichische Bundeshymne (*Land der Berge, Land am Strome...*). Der

Unglückstag selbst (11.11.2000) und der Tag der Ausrufung der Republik Österreich am 12.11.1918 durch Staatskanzler Karl Renner sind ebenfalls durch einen identischen Sonnenstand im Tierkreis miteinander verbunden.

Ein weiteres ebenfalls national geprägtes Beispiel ist der Absturz einer polnischen Regierungsmaschine in **Smolensk** mit einer besonderen Vorgeschichte:

Während des Zweiten Weltkrieges im Frühjahr 1940 wurden über 20.000 polnische Offiziere und Soldaten durch Genickschuss bei Katyn in der Nähe von Smolensk ermordet und in Massengräbern verscharrt. Ihre Leichen wurden erst 1943 entdeckt. Da es sich damals um sowjetisch besetztes Gebiet handelte, ging man davon aus, dass das Massaker von Russland zu verantworten sei. Die Russen bestritten dies aber lange Zeit und übernahmen erst 1990 unter Gorbatschow die Verantwortung dafür. Für Polen bedeutete dieser Massenmord den Verlust einer gesellschaftlichen Elite und gleichzeitig eine fortdauernde Belastung der polnisch-russischen Beziehungen.

Am 7.4.2010 gab es eine Gedenkveranstaltung in Katyn, zu der Russland nur den polnischen Ministerpräsidenten Donald Tusk eingeladen hatte, aber nicht den russlandkritischen Staatspräsidenten Lech Kasczinsky.

Wenige Tage später, am 13. April 2010, dem polnischen Gedenktag für Katyn, sollte eine weitere Gedenkveranstaltung für die seinerzeit umgebrachten Polen stattfinden, an der Staatspräsident Kasczinsky teilnehmen wollte. Am 10. April 2010 startete die polnische Regierungsmaschine des Typs Tupolew 154 mit Staatspräsident Lech Kasczinsky an Bord. Begleitet wurde er von weiteren hochrangigen Vertretern der polnischen Gesellschaft und Politik.

Beim Anflug auf den Militärflughafen Smolensk herrschte dichter Nebel. Eine Stunde zuher war noch ein anderes polnisches Regierungsflugzeug gelandet. Danach kehrte ein russisches Flugzeug bereits aufgrund des Nebels um. Die Fluglotsen empfahlen daher Arkadiusz Protasiuk, dem Piloten der polnischen Regierungsmaschine, ebenfalls umzukehren oder den Flughafen Minsk anzufliegen. Der Pilot setzte nach drei Schleifen über dem Flugplatz dennoch zur Landung an. Er verfehlte im Nebel die Landebahn und das Flugzeug blieb mit dem Fahrwerk in den Bäumen hängen. Es stürzte ab und brannte völlig

Abb. 5: Flugzeugabsturz bei Smolensk

aus. Alle 89 Passagiere und die sieben Besatzungsmitglieder kamen ums Leben.

Technische Ursachen wurden für den Absturz ausgeschlossen, obwohl die Maschine 20 Jahre alt war (Jungfernflug 29.6.1990 in Samara, SSR). Denn die letzte vollständige technische Überholung hatte erst wenige Monate zuvor im Dezember 2009 statt gefunden.

Spekuliert wurde aber, ob der Pilot mangels ausreichender Russisch-Kenntnisse die Fluglotsen nicht verstanden hatte oder ob der Staatspräsident bzw. der Protokollchef des Außenministeriums Mariusz Kazana den Piloten unter Druck gesetzt hatte, um den zweiten Termin der Katyn-Gedenkfeier keinesfalls zu versäumen. Der Protokollchef soll beim Absturz in der Pilotenkanzel gewesen sein. Ähnliches wurde vermutet hinsichtlich der Anwesenheit des Luftwaffenoberbefehlshabers Andrszej Blasik.

Wie so oft bei solchen Unglücksfällen, lief bei der Zusammensetzung der Passagiere nicht alles nach Plan. Die Mitarbeiterin der Präsidentin Zofia Kruszyńska-Gust (*10.5.1952) und der stellvertretende Leiter des Präsidialamtes Jacek Sasin (*06.11.1969) flogen nicht wie vorgesehen mit. Beide standen sogar noch auf der offiziellen von Russland später veröffentlichten Passagierliste. Anstelle von Zofia Kruszyńska-Gust flog Katarzyna Doraczyńska (*3.10.1978) als Mitarbeiterin des Präsidialamts mit. Auch zwei Mitarbeiter des Sicherheitsdienstes BOR, die für den Personenschutz der Regierung zuständig sind, wurden erst in letzter Minute an Bord befohlen: Artur Francuz (*10.11.1971) und Agnieszka Pogródka-Więcławek (*15.12.1975).

Es gab schnell erste Verschwörungstheorien, die behaupteten, der Unfall sei ein Attentat. Die Lichter der Flughafenbefeuerung seien absichtlich falsch eingestellt, um den Piloten neben der Landebahn aufsetzen zu lassen. Sofort nach dem Crash hätten Sicherheitskräfte die Lichter am Boden wieder korrigiert. Mit einem Handy-Video eines Polen, der unmittelbar nach dem Crash den Unglücksort betreten habe, sei belegt, dass die Überlebenden im Cockpit durch Pistolenschüsse zum Schweigen gebracht wurden. Der Nebel wird als Ursache angezweifelt, da das Flugzeug von einer seitlichen Windböe erfasst worden sei. Nebel und Wind kämen aber gleichzeitig nicht vor. Denn Nebel werde durch Wind weggeblasen.

Motiv für das Attentat am Präsidenten, seinem Zentralbankchef etc. sei die widerstrebende Haltung Polens gegenüber dem Euro. Polen selbst hat 2010 noch den Zloty als Währung, der unterbewertet ist und so polnisches Wirtschaftswachstum ermögliche auf Kosten anderer EU-Länder. Ministerpräsident Tusk erhielt kurz nach dem Absturz am 13.5.2010 den Karlspreis für Verdienste um Europa.

Was an allen derartigen Spekulationen dran ist, kann niemand wirklich sagen. Für die Polen war es tragischerweise erneut der Verlust einer großen Zahl von führenden Politikern und Beamten wie seinerzeit in Katyn. Eine nationale Trauer erfasste das Land und die Abneigung gegen Russland wurde wieder spürbar.

Sieht man sich nun die astrologischen Zusammenhänge zwischen den Toten und ihrem Land an, erkennt man die nationale Dimension sofort. Das Multicombin der Toten fällt auf den **25.8.1955.** Der 25. August ist der Jahrestag des Sieges der polnischen Armee über die Sowjetarmee im Jahr 1920 an der Weichsel, in Polen auch »Wunder an der Weichsel« genannt, weil niemand an den Sieg der Polen im polnisch-sowjetischen Krieg geglaubt hatte. Auch die erste demokratische Regierung Polens nach dem Zweiten Weltkrieg hat diesen Sonnenstand. Denn am 24.8.1989 wählte das polnische Parlament Tadeusz Masowiecki zum Ministerpräsidenten.

Die Toten des Flugzeugabsturzes in Smolensk repräsentieren auf diese Weise in zweifacher Hinsicht mit ihrem gemeinsamen Geburtstag das Nationalgefühl der Polen.

Gemeinsam Fußball spielen: Das Wunder von Bern 1954

Der Zweite Weltkrieg lag gerade mal neun Jahre zurück und die Deutschen bemühten sich, in der Welt wieder geachtet zu werden. Die Teilnahme an internationalen Sportereignissen bot ihnen eine gute Möglichkeit, Beziehungen mit dem Ausland zu fördern. Im Jahr 1954 schickte also auch Deutschland sein Aufgebot von 22 Fußballspielern zur Weltmeisterschaft nach Bern. Haushoher Favorit war die ungarische Nationalmannschaft, die seit 1950 ungeschlagen war und deswegen die »Goldene Elf« genannt wurde. Die deutsche Mannschaft unter ihrem Kapitän Fritz Walter kämpfte sich mit dem Trainer Sepp Herberger bis in das Endspiel. Das war schon eine Sensation, da die fußballerischen Leistungen der Deutschen nicht gerade als überdurchschnittlich galten. Ungarn hatte bei den Gruppenspielen der Meisterschaft Deutschland bereits mit 8:3 vernichtend geschlagen. Da Deutschland aber Gruppenzweiter wurde, blieb die Mannschaft weiter im Turnier. Im Finale trafen Ungarn und Deutschland nun wieder aufeinander und man konnte sich ausrechnen, was für ein Desaster die Deutschen erwarten würde. Doch es kam völlig anders. Deutschland bezwang den Favoriten Ungarn mit 3:2. Die Radioreportage (»Toooooor, Tooooooor, Deutschland ist Weltmeister!!!!«) wird immer wieder ausgestrahlt und jedes Kind kennt diesen Sieg als *Das Wunder von Bern*. Die stolzen Sieger kamen erhobenen Hauptes nach Hause und ließen sich feiern. Dieser unerwartete Triumpf versetzte die Deutschen in eine unglaubliche Euphorie.

Die Ungarn waren bitter enttäuscht, da sie ja eine Spitzenmannschaft hatten und sich diese Niederlage nicht erklären konnten. Zu Hause wurden sie als Verräter beschimpft, manche Spieler verloren ihre Arbeit, Familienangehörige wurde drangsaliert. Von staatlicher Seite erlitten sie Unrecht und in der Gesellschaft böse Kränkungen.

Abb. 6: Die deutsche Fußballnationalmannschaft 1956 mit Sepp Herberger

Beide Länder machten dieses Fußballereignis zu einer nationalen Angelegenheit. Blicken wir einmal auf die Geburtsdaten der Mannschaften. Jede Mannschaft bestand aus zweiundzwanzig für die Meisterschaft gemeldeten Spielern, wovon natürlich nur elf gleichzeitig auf dem Platz spielten. Auf deutscher Seite waren es Heinz Kubsch (*20.07.1930), Heinrich Kwiatkowski (*16.07.1926), Toni Turek (*18.01.1919), Hans Bauer (*28.07.1927), Herbert Erhardt (*06.07.1930), Werner Kohlmeyer (*19.04.1924), Fritz Laband (*01.11.1925), Werner Liebrich (*18.01.1927), Jupp Posipal (*20.07.1927), Horst Eckel (*08.02.1932), Karl Mai (*27.07.1928), Paul Mebus (*09.06.1920), Karl-Heinz Metzner (*09.01.1923), Max Morlock (*11.05.1925), Fritz Walter (*31.10.1920), Ulrich Biesinger (*06.08.1933), Richard Herrmann (*28.01.1923), Bernhard Klodt (*26.10.1926), Alfred Pfaff (*16.07.1926), Helmut Rahn (*16.08.1929), Hans Schäfer (*19.10.1927) und Ottmar Walter (*03.03.1924).

Rechnen wir ihre Geburtsdaten zusammen und bilden den Durchschnitt, kommen wir auf den **26.5.1926.**

Das ist fast auf den Tag der Jahrestag des Hambacher Fests (Beginn 27.5.1832), in dem die Studenten freie Rechte für die Bürger gefordert und zu einer »Wiedergeburt Deutschlands« aufgerufen hatten. Das war die Stimmung, mit der die deutsche Mannschaft nach Hause kam.

Bei der ungarischen Mannschaft sieht man die nationale Komponente ihrer 22 Spieler genauso deutlich. Die Spieler waren:

Sándor Gellér (*12.07.1925), Gyula Grosics (*04.02.1926), Géza Gulyás (*05.06.1931), Jenő Buzánszky (*04.05.1925), Béla Kárpáti (*30.09.1929), Mihály Lantos (*29.09.1928), Gyula Lóránt (*06.02.1923), Pál Várhidi (*06.11.1931), József Bozsik (*28.11.1925), Imre Kovács (*26.11.1921), Ferenc Szojka (*07.04.1931), József Zakariás (*25.03.1924), László Budai (*19.07.1928), Lajos Csordás (*06.10.1932), Zoltán Czibor (*23.08.1929), Nándor Hidegkuti (*03.03.1922), Sándor Kocsis (*23.09.1929), Ferenc Machos (*30.06.1932), Péter Palotás (*27.06.1929), Ferenc Puskás (*02.04.1927), József Tóth (*16.05.1929) und Mihály Tóth (*14.09.1926).

Ihr Multicombin fällt auf den **16.11.1927.** Neun Jahre vorher, am 16.11.1918, hatte Graf Mihály Károlyi die Republik Ungarn ausgerufen. Auch hier besteht ein Bezug zu dem Land, welches die Spieler in den Wettkampf geschickt hatte. Kein Wunder, dass man dort die Niederlage nicht einfach als das Ende einer Siegesserie im Sport, sondern als nationales Unglück empfunden hat.

Gemeinsam musizieren:
West-Eastern Divan Orchestra

Seit der Gründung des Staates Israel in Palästina am 14.05.1948 tobt die bewaffnete Auseinandersetzung zwischen Israel, den dort verwurzelten Palästinensern und den arabischen Nachbarländern. Es gab endlose Friedensbemühungen verschiedenster Art. Auf Vermittlung des damaligen US-Präsidenten Jimmy Carter setzten sich der israelische Ministerpräsident Menachem Begin und der ägyptische Präsident Anwar as-Sadat in Camp David, Maryland (USA), zusammen und handelten einen Friedensvertrag aus. Dieser wurde dann am 26.3.

Abb. 7: Daniel Barenboim und das »West-Eastern Divan Orchestra«

1979 unterzeichnet. Die Sensation lag darin, dass zum ersten Mal seit der Gründung Israels ein arabischer Staat die Existenz Israels schon dadurch anerkannte, dass er Israel als Vertragspartner akzeptiert hatte. Sadat überlebte diesen Vertrag allerdings nicht sehr lang. Denn im Jahr 1981 fiel er einem Attentat zum Opfer.

Zwanzig Jahre nach diesem Vertrag gelang eine ganz andere sensationelle Friedensinitiative besonderer Art. Der israelische Dirigent Daniel Barenboim (*15.11.1942), der palästinensische Literaturwissenschaftler Edward Said (*1.11.1935) und Bernd Kauffmann (*30.12.1944), ein deutscher Kulturmanager und Jurist, gründeten ein internationales Orchester. Die Musiker setzten sich aus jungen Leuten zusammen, die aus Israel, Palästina, Syrien, Ägypten und anderen arabischen Staaten stammten. Das Orchester nannten sie *West-Eastern Divan Orchestra*. Die Gründung geschah 1999, als die Goethestadt Weimar turnusmäßig für ein Jahr zur Kulturhauptstadt Europas ausgerufen wurde. Goethe hatte eine große kulturübergreifende Gedichtsammlung mit dem Titel *West-Östlicher-Divan* geschaffen, inspiriert durch den persischen Dichter Hafis.

Das danach benannte Orchester feiert inzwischen weltweit große Erfolge und zeigt, wie ein politisch-ethnischer Konflikt auch auf ganz andere Weise angegangen werden kann.

Das Multicombin der drei Initiatoren Barenboim, Said und Kauffmann fällt auf den **26.3.1941**. Das Datum des Friedensvertrages 26. 3.1979 erscheint wie die Zukunftsprojektion der drei Menschen, die sich im Jahr 1979 noch nicht kannten und ihre musikalische Friedensinitiative 1999 genau 20 Jahre später ins Leben gerufen haben. Der 26. März liegt vier Tage nach Goethes Todestag (22.3.1832), dessen West-Östlicher-Divan als Namensgeber in die musikalische Friedensinititative hinein verwoben ist.

Ein weiterer Zusammenhang offenbart sich, wenn man an Schillers Gedicht *An die Freude* denkt (*Alle Menschen werden Brüder*), welches in Beethovens 9. Sinfonie zum Schluss als Friedensthema erklingt. Komponiert wurde sie von Beethoven, dessen Todestag der 26.3.1827 ist und damit auf das Datum des Combins der drei Orchestergründer Barenboim, Said und Kauffmann zeigt. Der Text der Hymne stammt aus

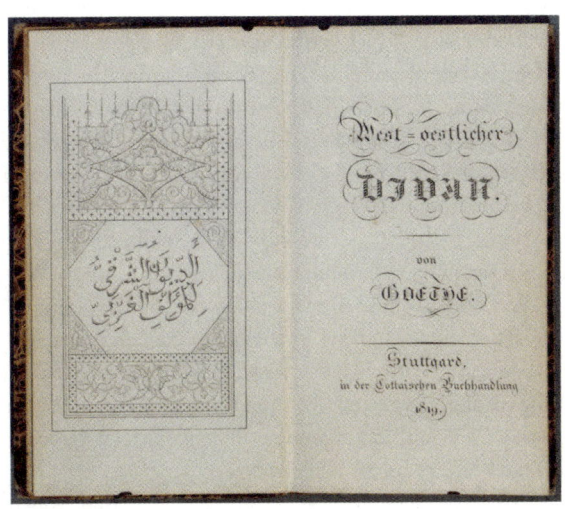

Abb. 8: Titelblatt und Frontispiz (in Kupfer gestochen) der Erstausgabe

der Feder von Friedrich Schiller, dessen Todestag am 9.5.1805 wiederum den Jahrestag der Uraufführung der 9. Sinfonie (7.5.1824) nur knapp verfehlt. Die Europäische Gemeinschaft erklärte die Melodie der 9. Sinfonie später zu ihrer offiziellen Hymne und feiert am 9. Mai jährlich den Europatag. Am 25.3.1957 wurden die Römischen Verträge für die Europäische Wirtschaftsgemeinschaft (EWG) unterzeichnet, die nach dem Zweiten Weltkrieg die friedliche Vereinigung Europas eingeläutet haben. Damit ist das gemeinsame Geburtsdatum der Gründer des West-Eastern Divan Orchestra 26.3.1941 zeitlich verbunden zu einem weiteren bedeutenden Baustein des Weltfriedens.

Gemeinsam kritisieren: Charlie Hebdo, Paris

In Frankreich war die satirische Zeitschrift *Charlie Hebdo* geradezu Symbol einer kompromisslosen Meinungsfreiheit. Durch sehr kritische Zeichnungen erregte das Magazin aber auch die Gemüter und verletzte religiöse Gefühle der Menschen. Denn die Comics überschritten auch Grenzen des guten Geschmacks und zwar in jeder Richtung. Weder der Papst, noch die Juden oder Muslime kamen ungeschoren davon. Aber eine Demokratie kann das aushalten – so schien es lange Zeit. Doch da hatte man sich offenbar getäuscht. Denn am 2.11.2011 wurde auf die Redaktionsräume von *Charlie Hebdo* in Paris ein Brandanschlag verübt. Vermutet wurde ein Zusammenhang mit dem Abdruck einer Karikatur Mohammeds auf der Titelseite des Magazin. Den Muslimen ist die bildliche Darstellung ihres Propheten verboten und so gab es bereits 2005 in der arabischen Welt heftige Proteste gegen Mohammed-Karikaturen, die am 30. September 2005 in der dänischen Tageszeitung *Jyllands-Posten* abgedruckt wurden. *Charlie Hebdo* ließ sich davon nicht beeindrucken und zeichnete weiter seine Bilder, in denen die Vertreter unterschiedlichster Religionen zum Teil in entwürdigenden Posen dargestellt wurden. Was dann kam, hatte aber niemand erwartet.

Am 7.1.2015 gegen 11:30 Uhr drangen zwei Brüder muslimischen Glaubens, Saïd Kouachi (*7.9.1980) und Chérif Kouachi (*29.11.1982) schwer bewaffnet in die Redaktion ein. Sie schossen um sich. Sie

Abb. 9: Mahnwache vor der französischen Botschaft in Berlin

verletzten zahlreiche Menschen; elf Personen starben sofort und eine
weitere Person auf der Flucht. Zwei Tage später wurden die Täter in
der Nähe des Pariser Flughafens Charles-de-Gaulle in Dammartin-en-
Goële gestellt und beim Zugriff erschossen. Für die Verfolgung waren
sämtliche Polizisten, Sicherheitskräfte und Spezialeinheiten in ganz
Frankreich mobilisiert worden. Es sollen ca. 80.000 Mann gewesen
sein.

Gleich nach dieser Aktion kam es zu öffentlichen Diskussionen,
ob man die Geschmacklosigkeiten des Satiremagazins *Charlie Hebdo*
und anderer Publikationen noch im Rahmen der Toleranz hinnehmen
dürfe, oder ob dies eine private Sache bleiben müsse, die den Staat
nichts angehe. Im letzteren Sinne entstand eine Welle der Solidarität
mit den Opfern und auch den Angehörigen der Presse, die sich rund
um die Welt ausbreitete. Mit Plakaten *Je sui Charlie* (»Ich bin Charlie«)
bekannte man sich zu Toleranz und gegen die Versuche, die Presse
einzuschüchtern.

Die Opfer sind Jean Cabut (*13.1.1938), Elsa Cayat (*9.3.1960),
Stéphane Charbonnier (*21.8.1967), Philippe Honoré (*25.11.1941),

Bernard Maris (*23.9.1946), Mustapha Ourrad (*21.6.1954), Michel Renaud (*6.2.1945), Bernard Verlhac (*1.1.1957), Georges Wolinski (*28.6.1934) und die Polizisten Frédéric Boisseau (*30.7.1972), Franck Brinsolaro (*11.1.1966) und Ahmed Merabet (*8.2.1974).

Fassen wir die Opfer mit ihrem Durchschnittsgeburtstag zusammen, erhalten wir ein symbolträchtiges Datum, nämlich den 9.11.1954. Der 9. November ist in der Geschichte Deutschlands und Frankreichs immer wieder mit den Themen Revolution, Freiheit und umgekehrt auch mit dem Ende von Toleranz und Demokratie verbunden. In Deutschland erinnert man sich u. a. an diese historischen Tage:

9.11.1848 Ende der Märzrevolution 1848, als einer ihrer Anführer, Robert Blum, hingerichtet wurde.

9.11.1918 Ende des Kaiserreichs und Ausrufung der Weimarer Republik.

9.11.1938 Beginn der Judenverfolgung in Deutschland (»Reichskristallnacht«) und Zerstörung ihrer Geschäfte.

9.11.1989 faktisches Ende der DDR durch Öffnung der Mauer.

In Frankreich markiert der 9. November nicht nur den Todestag ihres ersten Nachkriegspräsidenten Charles de Gaulle (*22.11.1890, †9.11.1970), nach dem der Pariser Flughafen benannt ist und in dessen Nähe die beiden Attentäter von Charlie Hebdo gefasst wurden.

Man denkt dort auch an Napoléon Bonaparte, der am 9.11.1799 die Macht in Frankreich übernimmt (nach der Zeitrechnung der Revolution am 18. Brumaire VIII.) Damit endet die Demokratie und beginnt eine Diktatur unter Napoléon.

Kurfürst Friedrich Wilhelm von Brandenburg nimmt am 8.11.1685 mit seinem Edikt von Potsdam die in Frankreich aus Glaubensgründen verfolgten Hugenotten auf.

Die Gemeinschaft der Opfer des Anschlags auf die Redaktion von *Charlie Hebdo* versinnbildlicht mit diesem Datum in tragischer Weise die Bedeutung der Freiheitsrechte der Menschen und die Wichtigkeit von Toleranz gegenüber anderen Meinungen und religiösen Bekenntnissen.

Gemeinsame Hautfarbe und Herkunft:
Little Rock Nine und NSU-Morde

Seit dem Ende des amerikanischen Bürgerkrieges müht sich die Gesellschaft damit ab, die auf dem Papier bestehende Gleichberechtigung von Schwarz und Weiß mit Leben zu erfüllen. Ein Schritt zur Integration der afroamerikanischen Bürger sollte die Aufhebung der Rassentrennung (»Segregation«) in öffentlichen Einrichtungen wie Schulen, Bussen usw. sein. Unter der weißen Bevölkerung regten sich erhebliche Widerstände dagegen. Im Bereich des Schulwesens ging die Angelegenheit vor Gericht.

Am 13.11.1956 entschied ein amerikanisches Bundesgericht, dass die Rassentrennung von weißen und schwarzen Schülern illegal sei. Was nun entschieden worden war, blieb wie die Verfassung wieder nur ein Stück Papier. Dieses musste im Alltag erst noch umgesetzt werden, um Wirklichkeit zu werden. Diese Abkehr von festgefahrenen

Abb. 10: Demonstranten gegen die Integration an der Little Rock Central High School, 1957

Abb. 11: Arkansas State Capitol in Little Rock, Arkansas

Gewohnheiten war nicht von heute auf morgen zu erwarten. Die weiße Bevölkerung widersetzte sich dem Urteil und wollte ihre Kinder weiterhin nach Hautfarbe getrennt zur Schule schicken. Auf dem Weg zur Durchsetzung des Verbots der Rassentrennung kam es zu einem für die USA markanten Ereignis in den Südstaaten der USA in Little Rock (Arkansas). Wie symbolträchtig dieser spezielle Fall für die ganze Nation werden sollte, zeigt bildhaft das Rathaus der Kleinstadt, welches aussieht wie eine kleine Ausgabe des US-Regierungsgebäudes in Washington. Es betraf die gesamten USA. Was war dort geschehen?

Neun damals etwa 16-jährige schwarze Schüler wollten 1957 ihren Schulbesuch in der bislang nur von weißen Schülern besuchten dortigen Highschool beginnen. Der zuständige Gouverneur Orval Faubus fürchtete jedoch tätliche Auseinandersetzungen. Er setzte am 2.9.1957 die Nationalgarde ein, allerdings nicht zum Schutz der neun Schüler, sondern zum Gegenteil. Er wollte ihren Schulbesuch verhindern. Erst als Präsident Eisenhower am 25.9.1957 ca. 1000 Soldaten als Eskorte für die neun Schüler (»The Little Rock Nine«) entsandt hatte, wurde ihnen der Schulbesuch gestattet. Dennoch wurden sie von den Mitschülern und deren Eltern geschlagen, beschimpft, bespuckt und zur Umkehr aufgefordert.

Die *Little Rock Nine* sind: Melba Patillo Beals (*7.12.1941), Ernest Green (*22.9.1941), Terrence Roberts (*3.12.1941), Thelma Mothershed Wair (*29.11.1940), Elizabeth Eckford (*4.10.1941), Jefferson Thomas (*1.9.1942), Carlotta Walls LaNier (*18.12.1942), Minnijean Brown Trickey (*3.12.1941) und Gloria Ray Karlmark (*26.9.1942). Von diesen neun Schülern wurden fünf im Zeichen Schütze geboren. Das Eintreten für die eigenen Rechte war so symbolhaft gewesen, dass US-Präsident Clinton die neun 40 Jahre später als nationale Helden ehrte.

Wirft man einen Blick auf die amerikanische Geschichte, so sieht man, dass zwei große ethnische Probleme hervorstechen. Einerseits wurden Afrikaner gegen ihren Willen aus ihrer Heimat als Sklaven nach Amerika verschleppt, andererseits wurden die in Amerika heimischen Indianer fast völlig ausgerottet. Beide Ethnien kämpfen um ihre Gleichberechtigung in der amerikanischen Gesellschaft. Vor diesem Hintergrund offenbart sich nun mit den neun Schülern aus Little Rock ein verblüffender Zusammenhang im Kampf um rechtliche Anerkennung von Minderheiten.

Abb. 12: Charles Curtis

Abb. 13: Hiram Rhodes Revels

Das gemeinsame Combin der neun fällt auf den **22.1.1942**. Dies ist ein Tag vor dem Jahrestag des 23.1.1907, als der erste indianischstämmige Senator der USA, Charles Curtis fast genau an seinem eigenen Geburtstag (25.1.1860) gewählt wurde. Zeitweise war er später sogar Vizepräsident der USA. Auch er repräsentierte also eine von der Bevölkerung diskriminierte ethnische Minderheit.

Das Gleiche gilt für den am 10. Geburtstag von Curtis, nämlich den am 25.1.1870 gewählten ersten afroamerikanischen Senator Hiram Rhodes Revels (*27.9.1827). Ziemlich exakt an dessen 130. Geburtstag wiederum schickte Präsident Eisenhower am 25.9.1957 die Nationalgarde nach Little Rock. Diese nationalen Bezüge im Kalender waren nicht planbar, sie haben sich so ergeben.

Manchmal stellen Menschen aus der rechtsextremen Szene mit ihren Gewalttätigkeiten aber ganz bewusst einen Bezug zu symbolischen Kalendertagen her. Bei dem 1999 verübten Anschlag auf Schüler der Columbine High School in Littleton (Colorado, USA) wählten die Attentäter Eric Harris und Dylan Klebold mit dem 20. April bewusst den Jahrestag von Adolf Hitlers Geburtstag (20.4.1889). Erstaunlicherweise ergeben sich solche Zusammenhänge mit politisch signifikanten Jahrestagen aber immer wieder unbewusst, wie man auch an dem folgenden Beispiel sehen kann. Ein bewusst gewollter Zusammenhang lässt sich dabei gar nicht vorstellen.

Zwischen 2000 und 2007 wurden in Deutschland neun vorwiegend türkische Imbissbudenbesitzer und Geschäftsleute in den unterschiedlichsten Regionen umgebracht. Die Taten wurden in der Öffentlichkeit als »Dönermorde« bezeichnet, ein Begriff, der 2011 zum »Unwort des Jahres« erklärt worden ist. Zunächst dachte man an Hinrichtungen durch eine Mafia in der türkischen Geschäftswelt. Erst einige Jahre später kam mehr Licht in die schreckliche Sache. Täter waren Rechtsradikale, die sich *Nationalsozialistischer Untergrund* (NSU) nannten. Im Jahr 2011 fand man in Zwickau bei diesen Neonazis Material, in dem diese sich zu der Mordserie bekannten. Es handelte sich um Uwe Böhnhardt (*1.10.1977), Uwe Mundlos (*11.8.1973) und Beate Zschäpe (*2.1.1975). Die beiden Männer kamen bei einem Brand in ihrer Wohnung ums Leben; die Frau wurde später wegen verfassungsfeindlicher Aktivitäten angeklagt. Die Ziele der Gruppe waren zwar ausdrücklich gegen den Staat gerichtet. Dennoch gaben sie absurderweise vor, einer nationalen Idee zu folgen.

Die neun Opfer des NSU kannten sich untereinander nicht und hatten auch keine Geschäftsbeziehungen miteinander. Was sie außer ihrer Herkunft verbindet, kommt erst auf den zweiten Blick heraus. Aus den Geburtsdaten, die vom Bundeskriminalamt veröffentlicht wurden, errechnet sich als gemeinschaftliches durchschnittliches Geburtsdatum der **24.5.1966**. Dies ist der Jahrestag des Inkrafttretens des deutschen Grundgesetzes (24.5.1949).

Kernstück des Grundgesetzes war die Formulierung von Grundrechten, die vor Gericht durchsetzbar waren. Zu Zeiten der Weimarer Verfassung waren solche Rechte nur ein Appell an den Staat. Zu den Grundrechten gehört jetzt z.B. auch der Schutz vor Diskriminierung wegen Herkunft, Rasse, Geschlecht usw., was im Verhältnis von Deutschen und Ausländern eine besondere politische Bedeutung für die rechtsradikale Szene hat. Die Verbindung der Opfer mit dem Grundgesetz hat daher eine Signalwirkung, die sich astrologisch niederschlägt am Stand der Sonne im gemeinschaftlichen Geburtstag und der Verkündung des Grundgesetzes bei gleichem Sonnenstand.

Im Gegensatz zu den anderen Beispielen verbindet sich das Schicksal der Beteiligten nicht dadurch, dass sie körperlich am selben Ort zur

Abb. 14: Denkmal für die Opfer des Nationalsozialistischen Untergrunds (NSU) in Dortmund,

selben Zeit zusammentreffen und auch sterben. Ihre Zugehörigkeit zu einer Minderheit, die von der rechten Szene diskriminiert und sogar ermordet wird, verbindet ihr Schicksal, ohne dass sie sich direkt kennen. Bei Geiselnahmen etwa kennen sich die Opfer wenigstens durch das gemeinsame schreckliche Erlebnis in mehr oder weniger flüchtiger Weise, weil sie gleichzeitig am selben Ort Zeit sind. Bei den NSU-Morden wusste keiner vom anderen. Und doch gibt es auch hier noch mehr Überraschendes. Eine zeitliche Verbindung, die gar nicht so offensichtlich ist.

Der Zusammenhang mit dem nationalen Thema kommt in einer weiteren Form zum Ausdruck. Fasst man nämlich die Todestage, an denen die neun ausländischen Opfer umgebracht wurden, zusammen, bildet also gleichzeitig das Tatzeit-Combin, erhält man den **26.8.2003**. Die Sonne fällt an diesem Tag auf ihren Stand am 26.8.1841, als August Heinrich Hoffmann von Fallersleben auf Helgoland den Text des Deutschlandlieds vollendet hat. Das Lied beginnt mit »Deutschland, Deutschland über alles, über alles in der Welt« und steht für einen nationalen Machtanspruch. Daher wird die Nationalhymne heute ohne diese Strophe gesungen, sie behält aber diesen historischen Unterton. Erneut tritt damit ein nationales Symbol der Deutschen mit den neun Morden in Beziehung. Das Deutschlandlied wurde am 11.8.1922 zur offiziellen Nationalhymne Deutschlands erklärt. Einer der NSU-Angehörigen (Uwe Mundlos) wurde am Jahrestag dieses Datums, nämlich am 11.8.1973, geboren.

Bezieht man in die Gruppe der neun Opfer die beiden ebenfalls ums Leben gekommenen NSU-Mitglieder Böhnhardt und Mundlos ein, ergibt dies ein Combin mit dem Datum **31.1.1968**, einen Tag nach dem 35. Jahrestag der sogenannten »Machtergreifung« Hitlers, seiner Ernennung zum Reichskanzler. Sie markiert den Beginn der Auflösung des Rechtsstaates in der Weimarer Republik.

Diese drei Schlüsselereignisse – Deutschlandlied, Hitlers Machtergreifung und das Grundgesetz – spiegeln die schwierige Aufgabe, Rechtsstaat und Nationalgefühl im richtigen Verhältnis zueinander zu behalten. Abgebildet sind sie in der schicksalhaften Auswahl der beteiligten Menschen und ihrer Lebensdaten.

Gemeinsamer Protest:
»Hollywood Ten«, KPD-Reichstagsabgeordnete und Stauffenberg-Attentat

Nach dem Zweiten Weltkrieg gab es in den USA erhebliche politische Ängste gegen eine kommunistische Unterwanderung der Gesellschaft. Um dies zu verhindern wurde im Repräsentantenhaus ein

Abb. 15: Hollywood Ten

Ausschuss zur Untersuchung »unamerikanischer Umtriebe« eingesetzt. Zur Aufdeckung kommunistischer Aktivitäten wurden Zeugen vorgeladen, die u.a. auch gegen Berufskollegen aussagen sollten.
Dabei weigerten sich zehn Drehbuchautoren, Regisseure und Schau-
spieler aus Hollywood, der Vorladung Folge zu leisten. Sie sahen darin einen Verstoß gegen den Ersten Zusatzartikel der amerikanischen
Verfassung, der u.a. Meinungsfreiheit garantiert. Wegen Missachtung
des Kongresses wurden sie daraufhin im Jahr 1948 zu Haftstrafen
verurteilt. Die Verurteilten kamen auf eine »schwarze Liste« und
konnten deswegen nach der Haftentlassung in ihrem Beruf zum Teil
nicht mehr vermittelt werden. Man nannte sie die »Hollywood Ten«.
Es sind: Alvah Bessie (*4.6.1906, †21.7.1985), Herbert Biberman
(*4.3.1900, †30.6.1971), Lester Cole (*19.6.1904, †5.8.1985), Edward

Dmytrik (*4.9.1908, †1.7.1999), Ring Lardner jr. (*19.8.1919, †13.10. 2000), John Howard Lawson (*25.9.1894, †11.8.1977), Albert Maltz (*28.10.1908, †26.4.1985), Samuel Ornitz (*15.11.1890, †10.3.1957), Adrian Scott (*06.2.1912, †25.12.1973 und Dalton Trumbo (*9.12.1905, †10.9.1976).

Ihr gemeinsames Geburts-Combin fällt auf den **8.3.1905**, das Todes-Combin auf den **19.5.1981**. Als werfe dies einen Schatten voraus, wurden am Jahrestag des gemeinsamen Geburtstages am 8. 3.1933 in Deutschland durch Adolf Hitler alle kommunistischen Reichstagsabgeordneten aus dem Parlament entfernt (auf Grundlage der Reichstagsbrandverordnung). Am Jahrestag des Todescombins am 19.5.1989 verhängte China auf dem Platz des Himmlischen Friedens das Kriegsrecht, aufgrund dessen dort später zahlreiche Demonstranten niedergeschossen worden sind.

Es gab und gibt eine weitere merkwürdige Verkettung mit gemeinsamen Schicksalsverflechtungen, die Synonym für undemokratische Strukturen sind, ausgehend von der Machtergreifung Hitlers und der Entfernung der kommunistischen Reichstagsabgeordneten.
Das Combin der 81 KPD-Reichstagsabgeordneten ist der **19.1.1895**. Dies ist einen Tag nach dem Jahrestag der Kaiserkrönung Wilhelm I.

Abb. 16: Gedenktafel Tristanstr. 8-10 Claus Schenk Graf von Staufenberg

Abb. 17: Claus Schenk Graf von Stauffenberg

zur deutschen Reichsgründung 1871. Wilhelm war der erste Monarch (lateinisch für Alleinherrscher) nach dem Zusammenschluss der deutschen Fürstentümer.

Auch Hitler war mit der »Machtergreifung« Alleinherrscher und besiegelte dies mit der Ausschaltung der kommunistischen Abgeordneten am 19.1.1933. Für eine demokratische Gegenwehr war es längst zu spät. Also versuchten einige mit Gewalt gegen diese Diktatur vorzugehen. Aber Hitler überstand alle Attentate.

Das vielleicht bekannteste war der missglückte Anschlag auf der Wolfsschanze bei Rastenburg (Polen) durch Claus Schenk Graf von Stauffenberg am 20.7.1944, einem Tag, an dem eine Sonnenfinsternis über Deutschland stand. Stauffenberg und ein großer Teil seiner Unterstützer wurden gefasst und hingerichtet. Das Combin derer, die gefasst worden sind, ist einen Tag vor dem Krönungsjubiläum des deutschen Kaisers (18.1.1871), am **17.1.1895**, also nahezu identisch mit dem der aus dem Reichstag verbannten kommunistischen Abgeordneten. Die Sonne steht an diesem Tag ihrem eigenen Stand vom 20.7.1944 (Stauffenberg-Attentat) genau gegenüber, in Opposition. Wie ist das alles möglich? Hätten Menschen das so planen können?

Gemeinsamer Protest:
Kent State University und Platz des Himmlischen
Friedens, Göttinger 18 und Göttinger 7

Etwa 200 Studenten der Kent-State-University in Ohio demonstrierten am 4.5.1970 dagegen, dass die USA unter dem amerikanischen Präsidenten Nixon in Kambodscha mit Soldaten einmarschiert sind.

Die Behörden setzten die Nationalgarde ein und zerstreuten die Demonstration. Die Soldaten zogen zunächst ab, unversehens kehrte ein Teil von ihnen aber um und feuerte in die Menge. Dabei starben vier Studenten. Die Nationalgarde hatte sich angeblich von den Studenten

Abb. 18: Der Platz des Himmlischen Friedens

angegriffen gefühlt. Die erschossenen Studenten waren unbewaffnet und über 100 Meter von den Soldaten entfernt. Es waren Allison Krause (*23.4.1951), Jeffrey Glenn Miller (*28.3.1950), Sandra Lee Scheuer (*11.8.1949) und William Knox Schroeder (*20.7.1950). Ihr gemeinsames Geburtscombin ist der **5.6.1950**.

Dieser Vorfall führte zur größten landesweiten Studentendemonstration in den USA mit über 8 Millionen Teilnehmern. Er führte aber auch dazu, dass Nixon Studenten politisch überwachen ließ.

Fast auf den Tag genau 49 Jahre später, am 4.6.1989, ließ die Chinesische Staatsmacht auf dem Platz des himmlischen Friedens in Peking Demonstranten niederschießen.

Grundlage für die Niederschlagung war die Verhängung des Kriegsrechts am 19.5.1989 für den Platz des Himmlischen Friedens durch Premierminister Li Peng. Blicken wir zurück, so sehen wir, dass der 19. Mai z.B. der Jahrestag des Todescombins der Hollywood Ten (s.o.) war.

Nicht jeder protestierende Bürger verliert gleich sein Leben. Am 12.4.1957 legten 18 Atomforscher in dem sogenannten Göttinger Manifest eine Erklärung vor, die sich gegen die von Bundeskanzler Konrad Adenauer und Verteidigungsminister Franz Josef Strauß geplante atomare Aufrüstung der Bundeswehr richtete.

Die Gruppe bestand aus den Professoren Fritz Bopp (*27.12.1909, †14.11.1987), Max Born (*11.12.1882, †5.1.1970), Rudolf Fleischmann (*1.5.1903, †3.2.2002), Walther Gerlach, (*1.8.1889, †10.8.1979), Otto Hahn (*8.3.1879, †28.7.1968), Otto Haxel (*2.4.1909, †26.2.1998), Werner Heisenberg, (*5.12.1901, †1.2.1976), Hans Kopfermann (*26.4.1895, †28.1.1963), Max von Laue (*9.10.1879, †24.4.1960), Heinz Maier-Leibnitz (*28.3.1911, †16.12.2000), Josef Mattauch (*21.11.1895, †10.8.1976), Friedrich Adolf Paneth (*31.8.1887, †17.9.1958), Wolfgang Paul (*10.8.1913, †7.12.1993), Wolfgang Riezler (*14.11.1905, †27.9.1962), Fritz Straßmann (*22.2.1902, †22.4.1980), Wilhelm Walcher (*7.7.1910, †9.11.2005), Carl Friedrich von Weizsäcker (*28.6.1912, †28.4.2007) und Karl Eugen Julius Wirtz (*24.4.1910, †12.2.1994).

Die Stadtverwaltung Göttingens hat interessanterweise die Adresse Hiroshimaplatz 1-4 und erinnert an den ersten Abwurf einer Atombombe! Der Platz erhielt diesen Namen am 14.8.1992 (Jahrestag

Abb. 19: USS Nautilus (SSN-571)

des Bombenabwurfs). Ganz in der Nähe wohnte als Student einst Robert Oppenheimer, ein Physiker, der in Amerika an der Entwicklung der Atombombe maßgeblich beteiligt war und dies später sehr bedauert hat. Er wurde als Leiter des sogenannte Manhattan-Projekts »Vater der Atombombe« genannt, während er sich selbst bitter als »Zerstörer der Welten« betitelte.

Fasst man die Geburtstage der Göttinger Achtzehn zusammen ergibt dies den **21.1.1900**, einen atomaren Jahrestag: Am 21.1.1954 läuft die *USS Nautilus (SSN-571)* als erstes Atom-U-Boot in den USA vom Stapel. Auf diesen Tag fällt aber auch ein berüchtigtes Datum der Massenvernichtung von Menschen: 20.1.1942. Die sogenannte Wannsee-Konferenz beschließt die Judenvernichtung (»Endlösung«).

Das gemeinsame Todescombin der Göttinger Achtzehn ist der **29.7. 1982** und greift das Thema der Atombewaffnung mehrfach auf:

29.7.1957: Die Internationale Atomenergieorganisation (IAEO) wird gegründet.

Abb. 20: Atomwaffentestgelände Semipalatinsk – Bombenkrater

*Abb. 21: Göttinger
Sieben Lithografie von
Carl Rohde, 1837/38*

29.7.2000: Mit 100 Tonnen TNT wird der letzte Tunnel auf dem früheren sowjetischen Atomwaffentestgelände Semipalatinsk in Kasachstan gesprengt und die ehemalige nukleare Nutzung beendet.

28.7.2000: Der Forschungsreaktor München (*Atomei* genannt), der 1957 als erster deutscher Forschungsreaktor in Garching in Betrieb ging, wird abgeschaltet.

Die *Göttinger Achtzehn* haben mit ihrem Namen angespielt auf eine frühere Gruppe von Göttinger Professoren, die sich als *Göttinger Sieben* im 19. Jahrhundert mit der Obrigkeit angelegt hatten. Zu Zeiten des Absolutismus stand der Herrscher über dem Gesetz. Er erließ die Gesetze und konnte sie wieder aufheben. Warum sollte er also sich selbst gehorchen müssen, wenn er es sich jederzeit anders überlegen konnte? Modernere Regenten kehrten dieser Auffassung den Rücken und versuchten Zuverlässigkeit und Ordnung in die Staatsverwaltung zu bringen, ihrem Land eine Verfassung zu geben. So war es auch bis 1833 in Hannover geschehen, solange England und Hannover von einem gemeinsamen Herrscher regiert wurden. Mit dem Ende dieser Personalunion hob der Hannoveraner König Ernst August II. jedoch diese ihm lästige Verfassung wieder auf. Die Göttinger Sieben protestierten dagegen. Der König entließ sie am 12. 12.1837 daraufhin aus ihren Professorenämtern und verwies sogar drei von ihnen des Landes.

Die *Göttinger Sieben* an der Georg-August-Universität waren: Wilhelm Eduard Albrecht, Staatsrechtler (*4.3.1800, †22.5.1876), Friedrich Christoph Dahlmann, Historiker (*13.5.1785, †5.12.1860, Heinrich Ewald, Orientalist (*16.11.1803, †4.5.1875), Jacob Grimm, Germanist (*4.1.1785, †20.9.1863), Wilhelm Grimm, Germanist (*24. 2.1786, †16.12.1859), Georg Gottfried Gervinus, Literaturhistoriker (*20.5.1805, †18.3.1871) und Wilhelm Eduard Weber, Physiker (*24. 10.1804, †23.6. 1891).

Das Geburtscombin der Göttinger Sieben ist der **28.10.1795** (Vollmond), an dessen Jahrestag, dem 28.10.1886, Jahrzehnte später in Amerika die Freiheitsstatue enthüllt wurde. Genauso erinnert das Todescombin **16.4.1871** an die Reglementierung staatlicher Macht, denn am selben Tag trat die Verfassung des Deutschen Reiches endgültig in Kraft.

Waffen für alle?
Kantonsparlament Zug, Sandy Hook Schule und Batman-Premiere

Es liest sich fast wie die Fortsetzung des Stauffenberg-Attentats auf Hitler in etwas kleinerem Maßstab. Friedrich Heinz Leibacher lebte in Zug in der Schweiz und wurde einen Tag nach dem missglückten Hitlerattentat vom 20.7.1944 geboren. Leibacher geriet immer wieder in Konflikte mit der Familie und mit staatlichen Stellen. Er vermutete häufig Behördenwillkür gegen sich. Ziel seiner Wut war der Regierungsrat Bisig. Am 27.9.2001 stürmte Leibacher schwer bewaffnet das Kantonsparlament in Zug, fragte nach Bisig und schoss dann wild um sich, bevor er sich selbst erschoss. Bisig überlebte, während vierzehn der anwesenden Politiker starben. Leibacher hinterließ am Tatort einen Abschiedsbrief mit dem Titel *Tag des Zornes für die Zuger Mafia*. Er sah sich als Opfer eines Komplottes. Dieser Anschlag war der erste dieser Art in der Schweiz und der Kanton Zug erlebte an jenem Tag den traurigsten seiner Geschichte. Anders als Stauffenberg war Leibacher Einzeltäter und richtete seine Gewalt gegen viele. Die Geburtsdaten sind jedoch sehr »sprechend«, nicht nur das seiner eigenen Geburt, welches fast genau auf das Hitlerattentat fällt.

Der Tat fielen vierzehn Politiker zum Opfer: Arnet Herbert (*26. 10.1950), Peter Bossard (*10.03.1938), Martin Döbeli (*23.06.1944), Jean Paul Flachsmann (*4.01.1936), Karl Gretener (*16.04.1961), Heinz Grüter (*28.08.1948), Konrad Häusler (*23.07.1956), Dorothea Heimgartner-Häller (*3.10.1947), Monika Hutter-Häfliger (*23.06. 1949), Erika Langenegger-Lipp (*27.03.1942), Erich Iten (*11.03. 1957), Kurt Nussbaumer (*23.03.1952), Rolf Nussbaumer (*1.05. 1965) und Wilhelm Wismer (*16.06.1957).

Nimmt man die Geburtstage der vierzehn Opfer und das von Leibacher zusammen, erhält man als Durchschnittstag den **23.2.1950**. Dies fällt fast genau auf den Jahrestag, an dem Samuel Colt für seinen Revolver in Amerika das Patent erteilt wurde (24.2.1836). Nimmt man den Täter aus der Gruppe heraus, ergibt sich als Combin der **19.7. 1950**, ein Tag vor dem Jahrestag des Hitlerattentats vom 20.7.1944 und gleichzeitig der 136. Geburtstag von Samuel Colt (*19.7.1814). Alle diese Daten sind Spiegel von Gewalt.

Abb. 22: Samuel Colt

Einen ähnlichen Bezug zu einem Tag, an dem sich das Thema Gewalt manifestiert hat, hatte die Schießerei an der Sandy Hook Schule in Newtown (Connecticut) am 14.12.2012. Dort erschoss Adam Lanza (*22.4.1992 – zwei Tage nach Hitlers Geburtstag) zuerst seine Mutter, anschließend Mitschüler und Lehrer, zum Schluss sich selbst, insgesamt 28 Tote. Das Combin aller Toten einschließlich des Täters ergibt den **24.11.1996** und trifft genau auf den Jahrestag, als in den USA am 24.11.1993 für den Erwerb von Faustfeuerwaffen eine Wartezeit von fünf Tagen eingeführt wurde. Das wesentlich ältere Recht auf Waffenbesitz für jedermann ergibt sich aus dem Zusatzartikel zur US-Verfassung vom 15.12.1791. Fast auf den Tag genau fiel der Amoklauf vom 14.12.2012 auf den Jahrestag dieses Zusatzartikels.

Dies ist kein Einzelfall, wenn man sich den Anschlag wenige Monate vorher ansieht, als am 20.7.2012 James Eagan Holmes (*13.12.1987) bei der Premiere des Batman-Films *The Dark Knight Rises* im Kino von Aurora (Colorado, USA) wahllos zwölf Zuschauer tötete. Ihr gemeinsames Combin vom **30.11.1985** liegt genau einen Tag neben dem Jahrestag des ersten Westernfilms (1.12.1903), eines Genres, in dem das gegenseitige Erschießen zum alltäglichen Modell der Konfliktbewältigung gehört. Bedeutet dies, dass man mit der Erfindung von Waffen oder Präsentation von Gewalt eine verhängnisvolle Resonanz schafft für Menschen, die zusammentreffen und mit ihrem gemeinsamen »passenden« Geburtstag auf den Jahrestag eines solchen Aktes fallen? Eine beängstigende Vorstellung!

Gemeinsame Reise: ICE-Unglück Eschede

Wir kennen die Redensart »Wir sitzen alle im selben Boot« für Situationen, wo widerstreitende Interessen zurücktreten. Im Vordergrund steht das gemeinsame Überleben in einer bedrohlichen Lage. Man geht davon aus, dass man die gemeinsame Gefahr beherrschen kann. Daher einigt man sich darauf, sich nicht gegenseitig um der Herrschaft willen gegenseitig zu bekämpfen. Vielmehr ist eine Bündelung der Kräfte aller für ein gemeinsames Ziel angesagt, um die äußere Gefährdung zu überwinden, die alle gleich trifft. Die Anspielung auf das Boot ist nicht wörtlich zu nehmen. Es gilt für alle ähnlichen Situationen gleich. Immerhin ist ein Boot ein Fahrzeug, dessen Kurs irgendwie vom Menschen mitbestimmt wird, an Land denken wir an ein Auto. Aber nicht jedes Fahrzeug können Sie lenken, wenn Sie erst mal eingestiegen sind. Dann hilft die Gemeinsamkeit der Kräfte nicht mehr weiter. Einsteigen oder Zurückbleiben ist die einzige Einflussnahme gewesen.

Am 3.6.1998 stiegen am Hauptbahnhof München viele Menschen in den ICE *Wilhelm-Conrad-Röntgen* ein. Der Zug setzte sich um 5:47 MET/S in Bewegung. Seine Fahrt sollte nach Hamburg gehen. Unterwegs nahm der Zug noch manchen Reisenden auf, manche verließen ihn wieder. Die Fahrt endete allerdings nicht in Hamburg, sondern in der größten deutschen Eisenbahnkatastrophe. In Eschede prallte der Zug auf einen Brückenpfeiler, nachdem er zuvor bei Höchstgeschwindigkeit wegen eines defekten metallischen Radreifens entgleist war. Das Unglück hätte leicht das doppelte Ausmaß erreicht, wenn der Zug und sein Gegenzug pünktlich gewesen wären. Der Unglückszug hatte etwas Verspätung und der Gegenzug war eine Minute zu früh an Eschede vorbeigerauscht; sonst wäre er mit voller Geschwindigkeit in den kurz danach entgleisten ICE hineingerast. Ausgerechnet im nahegelegenen Hannover fand am Unglückstag ein

Abb. 23: ICE-Unfall von Eschede

Medizinerkongress statt, sodass 37 Unfallchirurgen mit weiteren ca. 1000 Helfern kurzfristig zum Einsatz kommen konnten.

Am Bahnhof stehen die Gedenksteine mit den Geburtsdaten aller Todesopfer dieses technischen Desasters.

Keiner der Toten hatte beim Besteigen des Zuges irgendein Gefühl davon, dass die Reisegruppe der Passagiere mehr ist als eine gewöhnliche, zufällige Anzahl von Menschen, die sich nicht kennen und doch durch etwas verbunden sein könnten. Rechnen wir wieder die Geburtsdaten zusammen und teilen sie durch die Zahl der 101 Opfer, erhalten wir den **6.12.1954**. Dieses Datum ist aus mehreren Gründen bemerkenswert. Es ist (fast) der Jahrestag mehrerer Ereignisse bzw. liegt diesen im Jahreslauf genau gegenüber, also um 6 Monate versetzt.

- **6.12.1954** Gemeinschaftsgeburtstag der Opfer
- **7.12.1835** Erste Eisenbahnfahrt in Deutschland (Nürnberg – Fürth)
- **2.6.1991** Erster planmäßiger ICE »Wilhelm Conrad Röntgen« Hamburg – München und München – Hamburg
- **3.6.1998** Unglückstag des ICE 884 »Wilhelm Conrad Röntgen«

Die Sonnenstände liegen jeweils in den astrologischen Zeichen des Verkehrs, Zwilling und Schütze.

Gemeinsam sind wir stark:
Greenpeace und OPEC

Wir kennen die Proteste der Greenpeace-Aktivisten, die durch ihre bloße körperliche Gegenwart auf Umweltsünden aufmerksam machen. Sie besteigen Industrieschornsteine, rudern mit Schlauchbooten vor den Bug von Walfangschiffen oder bringen auf andere Weise ihr Leben für ihre Überzeugung in Gefahr, ohne selbst Gewalt anzuwenden. Die weltweit agierende Bewegung wuchs aus einer kleinen Schar von Menschen, die sich Sorgen um die Zukunft der Erde machten und es nicht dabei belassen wollten, nur mit Worten zu kämpfen. Sie schlossen sich mit diesem Ziel zusammen und wandten sich mit dem Motto *Don't Make a Wave!* (»Macht keine Welle!«) gegen Pläne der USA, mit unterirdischen Atomtests künstliche Erdbeben zu verursachen. Denn diese Beben würden wiederum Riesenwellen (Tsunamis) auf den Weltmeeren auslösen. Einer der Aktivisten, der Journalist Ben Metcalfe, hatte rund um Vancouver Plakate aufgestellt: »Ecology? Look it up! You're involved.« (Ökologie? Gib Acht! Du bist daran beteiligt.) Freunden gegenüber erklärte er: Wenn man Werbung machen kann für Unternehmen und Produkte, kann man das auch für Ideen. Aus einer losen Protestbewegung entstand so das *Don't Make a Wave Committee*, welches die Proteste organisieren sollte.

Am 1.10.1969 hatte in der Region der Aleuten zwischen Alaska und Asien auf der Insel Amchitka ein solcher Test der USA stattgefunden. Als die Regierung dort einen weiteren Test für den 15.9.1971 ankündigte, beschlossen die Aktivisten eine spektakuläre Aktion. Sie charterten ein Schiff, welches sie an diesem Tag feierlich auf den Namen »Greenpeace« tauften. Mit diesem Schiff fuhren sie in die Region der Insel Amchitka. Die Küstenwache hielt sie jedoch auf. Die Aktion erregte solch ein öffentliches Aufsehen in Nordamerika, dass man den dort geplanten Atomtest zunächst abbrach.

An der Aktion beteiligt waren die Gründer des *Don't Make a Wave Committee*, nämlich: Dorothy Stowe (*22.12.1920), Irving Stowe (*25.7.1915), Paul Cote (*28.1.1944), Marie Bohlen (*4.7.1924), Jim Bohlen (*4.7.1926), Dorothy Metcalfe (*24.6.1928), Ben Metcalfe (*31.10.1919) und Robert »Bob« Hunter (*13.10.1941). Der

Abb. 24: Eines der späteren Greenpeace-Schiffe in Amsterdam

Gemeinschaftsgeburtstag dieser acht Menschen ist der **19.9.1927**, im Jahreslauf nur vier Tage entfernt von dem Tag, den Greenpeace heute als den tatsächlichen aktiven Beginn seiner Existenz versteht, dem 15.9.1971. Patrick Moore (*15.06.1947) wird auf der Website von Greenpeace nicht als Gründer aufgeführt; andere Darstellungen nehmen ihn dagegen in die Liste der Gründer auf. Hintergrund dieser Abweichungen ist wohl der spätere Austritt Moores aus der Bewegung und anhaltende Zwistigkeiten unter den einstigen Weggefährten. Zählt man Moore zu den Gründern dazu, errechnet sich der Gemeinschaftsgeburtstag mit **28.11.1929**. Vierzig Jahre später auf den Tag genau erhielt das *Don't Make a Wave Committee* von seinen Gründern am 28.11.1969 diesen Namen. Dies ist der eigentliche Geburtstag der Bewegung. Erst später wurde sie in eine Stiftung mit dem Namen *Greenpeace Foundation* mit Sitz in Vancouver umgewandelt. Dem Beispiel folgend kam es zu weiteren nationalen Greenpeace-Gründungen, die sich später zu einer internationalen Stiftung zusammenschlossen.

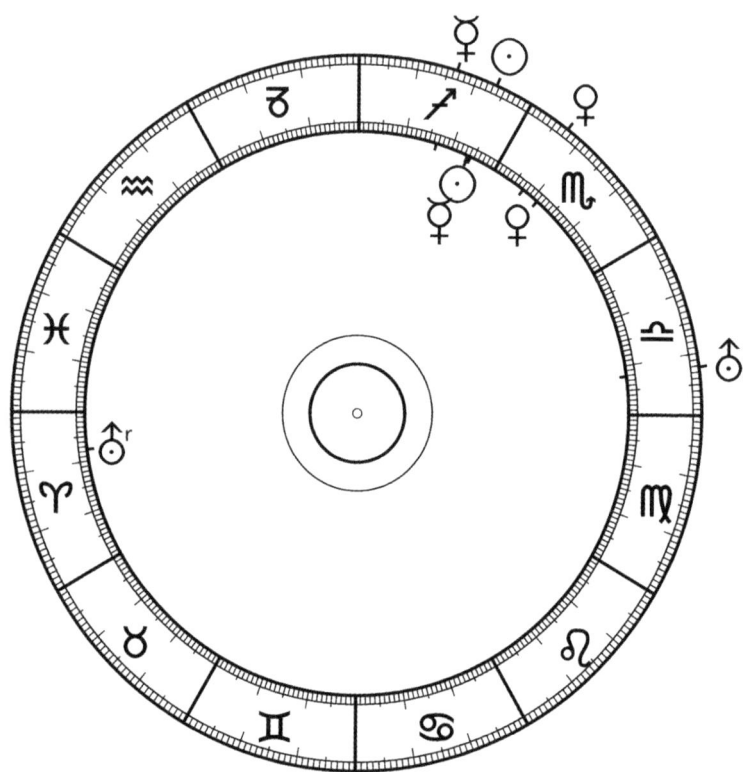

Abb. 25: Innen: 28.11.1929 – Gemeinsamer Geburtstag der neun Gründer.
Außen: 28.11.1969 – Festlegung des ursprünglichen Namens der Bewegung
Don't Make a Wave Committee.

Schaut man sich die Daten an, erkennt man nicht nur den gleichen Sonnenrhythmus. Auch Merkur und Venus stehen jeweils dicht beieinander, während Uranus Halbzeit im Umlauf hat. Die Positionen liegen sich genau gegenüber. Anders als bei den vorangegangenen Beispielen nimmt der Gemeinschaftsgeburtstag nicht auf andere Ereignisse Bezug, sondern auf ein eigenes späteres Handeln. Das ist nicht immer so, wie noch zu sehen sein wird.

Nicht nur einzelne Menschen schließen sich zu einer Gruppe zusammen. Auch Staaten (»juristische Personen«) können sich verbünden und damit ihr politisches Schicksal miteinander verknüpfen. Diese Verbindung muss nicht unbedingt einen neuen Staat ergeben, ein Zweckbündnis reicht aus.

Nach dem Zweiten Weltkrieg gab es eine ganze Zahl von Unabhängigkeitserklärungen ehemaliger Kolonialstaaten; ihre wirtschaftliche Abhängigkeit von den Industrienationen des Westens blieb aber oft weiter bestehen. Eine gewisse Wende brachte die Gründung der OPEC, der Organisation der Erdöl exportierenden Länder am 14.9. 1965 in Bagdad. Denn die Erdöl fördernden Staaten erkannten, dass vor allem der Westen erheblich von den Erdöllieferungen abhängig war. Sie sprachen sich in Produktion und Preis ab, was ihre Macht gegenüber dem Westen erheblich stärkte.

Die große Stunde der OPEC kam durch ein höchst unerfreuliches Ereignis. Syrien und Ägypten begannen am 6.10.1973, dem jüdischen Versöhnungsfest Jom Kippur, einen Krieg gegen Israel. Wegen des Feiertags war Israel zunächst in seiner Gegenwehr und Mobilmachung völlig gelähmt. Israel erhielt jedoch massive militärische Unterstützung durch den Westen. Dazu war natürlich auch Treibstoff für die Armee in großen Mengen notwendig. Hier setzte die Macht der OPEC ein, die die Erdölförderung drosselte, um die westliche Unterstützung Israels zu blockieren. Daraufhin schnellte der Ölpreis auf dem Weltmarkt in die Höhe, sodass am 17.10.1973 statt 3 US$ pro Barrel Rohöl plötzlich über 5 US$ zu zahlen waren. Die Industrienationen waren völlig schockiert und Deutschland verhängte z.B. auf den Autobahnen ein Sonntagsfahrverbot, um Benzin zu sparen.

Die ursprünglichen fünf Gründerstaaten waren Irak (3.10.1932 Unabhängigkeit), Iran (1.1.1907 Verfassung in Kraft), Kuwait (19.6. 1961 Unabhängigkeit), Saudi-Arabien (23.9.1932 Vereinigung der Königreiche, Sultanate etc.) und Venezuela (13.1.1830 Einberufung der Verfassung gebenden Versammlung zur Unabhängigkeit von Großkolumbien). Bilden wir jetzt für die OPEC-Staaten einmal einen Gemeinschaftsgeburtstag wie für Menschen in unseren übrigen Beispielen, ergibt dies mit den angeführten Unabhängigkeitsdaten etc. den **18.10.1912**. Die OPEC hat sich mit dem Ölembargo am 17.10. 1973 damit also ein schönes Geschenk zum 61. gemeinschaftlichen Geburtstag geleistet. Wie man sieht, wirken diese Zusammenhänge auch auf der Kollektivebene.

Gemeinsamer letzter Geburtstag:
Flugzeugkollision Überlingen und Flugtag Ramstein

Ende Juni 2002 bestieg eine Gruppe von hochbegabten Kindern aus Ufa/ Baschkirien ein Flugzeug, welches sie als Belohnung für herausragende Leistungen in der Schule nach Spanien in den Urlaub fliegen sollte. In Moskau gab es eine Zwischenlandung mit Übernachtung. Am nächsten Morgen brachte Vitali Kalojev seine Frau Swetlana und die beiden gemeinsamen Kinder Diana und Konstantin zum Flughafen in Moskau, um sich ebenfalls der Gruppe anzuschließen. Vitali Kalojev blieb zurück. Der Busfahrer, welcher die Reisegruppe zum Flughafen fahren sollte, kannte sich in Moskau nicht sonderlich gut aus und fand daher den Weg zum Flughafen nicht rechtzeitig. Dadurch verschob sich die Weiterreise für alle um noch einen Tag und die Tupolev TU 154 der Bashkirian Airlines flog erst am 1.7.2002 mit den Schulkindern an Bord in Richtung Spanien. Tausende Kilometer entfernt erhob sich drei Stunden später in Bergamo (Italien) eine Boeing 757-200 Frachtmaschine der DHL ebenfalls nach einer Zwischenlandung wieder in die Lüfte mit dem Ziel Brüssel. An Bord befanden sich zwei Besatzungsmitglieder.

Beide Flugzeuge näherten sich gegen Mitternacht dem Bodensee, beide wurden dort von der Schweizer Flugsicherungsgesellschaft *Skyguide* kontrolliert. Die Maschinen steuerten auf gleicher Flughöhe aufeinander zu. Als sie sich schließlich bedrohlich nahegekommen waren, warnte der Schweizer Fluglotse Peter Nielsen die Piloten per Sprechfunk und forderte die TU 154 zum Sinkflug auf, um einer Kollision mit dem DHL-Postflugzeug zu entgehen. Das Postflugzeug erhielt vom Fluglotsen dagegen die Aufforderung zum Steigflug. Hätten sich nun beide Mannschaften an die Anweisung des Lotsen gehalten, wäre alles gut gegangen. Doch die technischen Kollisionswarnungen aus dem Bordcomputer beider Flugzeuge gaben genau umgekehrte Anweisungen. Hätten beide Mannschaften der elektronischen Aufforderung zum Steigflug bzw. Sinkflug Folge geleistet, wäre auch alles gut gegangen. Stattdessen folgte die TU 154 dem Kommando des Fluglotsen und die DHL-Maschine dem Kommando der Elektronik. Fatalerweise wichen dadurch beide Flugzeuge im letzten Augenblick

56

Abb. 26: Denkmal von Daniela Einsdorf im Skyguide Gebäude in Dübendorf

in die gleiche Richtung aus, kollidierten und stürzten bei Owingen in der Nähe von Überlingen am Bodensee in die Tiefe. Alle Menschen an Bord der beiden Flugzeuge verloren dadurch ihr Leben. Vitali Kalojev hatte damit auf einen Schlag seine gesamte Familie verloren. Er hielt den Fluglotsen für den Schuldigen. Und so flog der trauernde Familienvater aus Baschkirien Monate später in die Schweiz. Am 24. 2.2004 suchte er den Fluglotsen in Zürich in dessen Haus auf und stellte ihn zur Rede. Er hoffte auf ein Wort des Bedauerns. Dies blieb jedoch aus, da der Fluglotse keine Schuld bei sich sah. Da erstach der verbitterte Vater den Fluglotsen kurzerhand in Selbstjustiz.

Fasst man alle Toten einschließlich des Fluglotsen mit ihren Geburtsdaten zusammen, fällt dieser gemeinsame Geburtstag genau auf die kalendarische Jahresmitte, auf den **1.7.1980** wie der Unglückstag im Jahr 2002. Der 1.7.2002 war gleichzeitig der 22. und auch letzte Gemeinschaftsgeburtstag der Verunglückten. Ob man den

Fluglotsen als verantwortlich einschätzt oder nicht, sein Schicksal wurde durch den hinterbliebenen Familienvater aus Baschkirien mit dem der anderen Toten verbunden. Insofern wird er als Opfer hier mit einbezogen. Gegenüber den sonst betrachteten Combinen mit gemeinsamem Todestag liegt hier eine bemerkenswerte Variante vor. Denn der in das Combin einbezogene Fluglotse verlor sein Leben erst viele Monate später und erst damit vollendete er die Bildung genau der Menschengruppe, auf deren gemeinsamen 22. Geburtstag das Unglück gefallen ist.

Dass die Passagiere denselben Todestag hatten, ist eine Tatsache. Dass sie eine Art gemeinsamen Geburtstag haben, wenn man sie nicht als einzelne Personen, sondern als eine miteinander verbundene Gruppe sieht, ist eine astrologische Betrachtungsweise. Folgt man dieser Betrachtungsweise, kommt man zu dem Schluss, dass ein Mensch gleichzeitig sein eigenes vereinzeltes Leben und daneben ein Gruppenleben führen kann. Dabei ist es naheliegend, ihn sogar als Teil mehrerer Gruppen zu sehen, denen er gleichzeitig angehören kann. Die abgestürzten Kinder waren für eine Zeit lang Schulkameraden. Sie waren Teil ihrer jeweiligen Familie und für kurze Zeit Teil einer Reisegesellschaft im selben Flugzeug usw. Zusammengefügt wurden sie als Familienmitglied durch ihre Eltern, als Klassenkameraden durch die Schule. Die Reisegesellschaft, in der sie gemeinsam den Tod fanden, hat über dieses bloße Zusammensein eine zeitbezogene Bedeutung größten Ausmaßes. Der Busfahrer verfuhr sich und damit verschob sich der Ablauf der Weiterreise dieser Personen. Nur dadurch ist der Zusammenstoß mit dem Frachtflugzeug überhaupt möglich geworden. Ohne den Fluglotsen hätte es für die Schulkinder und beide Flugzeugbesatzungen nicht das Problem gegeben, dass ein Mensch etwas anderes sagt als ein Computer. In diesem Geflecht von Ursachen werden Menschen, die sich kennen, mit dem Schicksal anderer Menschen, die sie nicht kennen, verbunden. Wer wusste schon von den Personen in einem anderen Flugzeug oder im Tower der Flugüberwachung? Ihr Zusammenhang offenbart sich durch den gemeinsamen Geburtstag.

Erlauben wir uns einen Blick auf die moderne Physik. Seit Einstein geht die Naturwissenschaft davon aus, dass der Raum und die Zeit nicht unabhängig voneinander existieren, sondern miteinander verbunden und ihre Messergebnisse voneinander abhängig sind. Bei der Gemeinschaft der Todesopfer haben wir einerseits eine räumliche Identität, weil alle – außer dem Fluglotsen – am selben Ort ums Leben gekommen sind. Andererseits hat jeder auf der Zeitlinie einen anderen Geburtstag. Rechnen wir die Geburtstage zusammen, ergibt sich eine zeitliche Identität aller. Bildet sie nicht in gewisser Weise die räumliche Identität ab, wenn der Unfall ausgerechnet zum 22. gemeinschaftlichen Geburtstag passiert? Diese Zusammenhänge sind umso erstaunlicher, als am Unglückstag noch gar nicht feststand, dass der Fluglotse später auch zu der Gruppe der Toten gehören würde. Musste der Fluglotse sterben, damit diese Himmelsarithmetik aufgeht? Zu dieser schicksalhaften Arithmetik war es offenbar auch notwendig, dass das baschkirische Flugzeug mit einem Tag Verspätung abgeflogen ist, weil der Busfahrer sich nicht ausgekannt hatte. Ohne diesen Fehler hätten sich die Flugzeuge nie am Himmel getroffen.

Gemeinsamer Tod am wiederkehrenden gemeinsamen Geburtstag kennzeichnet auch das nächste Beispiel: Nach dem Zweiten Weltkrieg haben sich die US-Streitkräfte in Rheinland-Pfalz niedergelassen. Der Stützpunkt war das Drehkreuz für die militärischen Lufttransporte der amerikanischen Luftwaffe. Ganz in der Nähe befindet sich das europaweit größte Militärkrankenhaus der Amerikaner. Die US-Armee war dort zudem ein bedeutender ziviler Arbeitgeber für die deutsche Bevölkerung. Zur Pflege der deutsch-amerikanischen Beziehung feierte man regelmäßig gemeinsam Volksfeste. So wurde auch am 28.8. 1988 auf den amerikanischen Militärflugplatz in *Ramstein* eingeladen. Über 300.000 Zuschauer strömten zu der Veranstaltung. Glanzpunkt des letzten Tages sollte eine Flugschau sein. Die Kunstflugstaffel *Frecce Tricolori* der italienischen Luftwaffe wollte ein gewagtes Manöver in der Form eines durchstoßenen Herzens vorführen. Diese spektakuläre Kunstflugfigur hatte das Team in der Vergangenheit wiederholt bei ähnlichen Anlässen absolviert. An diesem Tag flog eine Maschine ihren Looping zu niedrig und es berührten sich drei der italienischen Militärmaschinen jedoch in ihrem rasanten Flug und stürzten in einem riesigen Feuerball in die Menschenmenge. Dadurch verloren 70 Menschen auf grausige Weise ihr Leben.

Wenn wir die Beteiligten nach den äußeren Umständen betrachten, haben wir den Flugkapitän (Alessio Giorgio, *17. 4. 1957) der

Abb. 27: »Flugtagunglück von Ramstein« Gedenktafel am Flugplatz

Kunstflugstaffel als Verantwortlichen – so scheint es jedenfalls zunächst. Ist er doch Chef der Staffel und für die Durchführung der Flugmanöver verantwortlich wie ein Kapitän für das Schiff und die Besatzung. Die getöteten Zuschauer in ihrer Zusammenfassung zu einem Multicombin (**27. 8. 1953**) wären dabei seine Opfer und die Flugzeuge „Tatwerkzeuge" des zu verantwortenden Handelns. Der Unglückstag 28. 8. 1988 fällt mit seiner Sonne auf die Sonne des Combins der getöteten Zuschauer. Sie sind damit an ihrem gemeinsamen 35. Geburtstag gestorben. Eine ähnliche Verknüpfung des Gemeinschaftsgeburtstags der Getöteten mit ihrem gemeinsamen Todestag haben wir schon bei dem Flugzeugunglück bei Überlingen beobachtet.

Es gibt aber weitere Überraschungen und eine zusätzliche Perspektive. Das Unglück verbindet die drei Nationen USA, Deutschland, Italien und die getöteten Menschen in ganz besonderer Weise:

Die beiden mit abgestürzten Piloten Naldini und Nutarelli waren die letzten noch lebenden Zeugen eines Jahre vorher ungeklärten

Absturzes einer DC 9 der Fluggesellschaft Itavia auf dem Flug vom Marconi-Flughafen Bologna nach Palermo am 27.06.1980. Was war damals passiert? Eine DC-9-Zivilmaschine (Itavia Flug 810) wurde an diesem Tag gegen 20:59 MET/S bei Ustica (Italien) von Kampfjets der NATO beschossen und riss alle Insassen mit in den Tod. Die Kampfjets hatten versucht, libysche Kampfflugzeuge Typ MIG 23 zu treffen, die im Radarschatten des Verkehrsflugzeuges mitgeflogen waren. Die Vermutungen mancher gingen dahin, dass die USA am Unglückstag ein Attentat auf ein libysches Verkehrsflugzeug mit Staatspräsident Gaddafi an Bord geplant hatten und das italienische Zivilflugzeug wegen einer Verspätung mit Gaddafis Flugzeug verwechselt worden ist. Die militärischen Aktionen wurden jedenfalls vertuscht und das Ereignis als ziviles Unglück hingestellt. Viele Augenzeugen kamen in der Folgezeit bei Unfällen ums Leben oder wurden ermordet und konnten bei den italienischen Behörden deshalb nichts mehr zu Protokoll geben.

So erging es auch den letzten Zeugen Nutarelli und Naldini, den getöteten Piloten von Ramstein. Eigentlich sollten sie eine Woche nach dem Fest am Flugplatz Ramstein vor einem italienischen Untersuchungsausschuss aussagen. Durch das Unglück kam es aber nicht mehr dazu. Vor dem Flugtag in Ramstein wollten die beiden mit den anderen Piloten für die geplante Kunstflugnummer in Ramstein noch einen Testflug in Italien absolvieren. Dieser wurde kurzfristig abgesagt. Warum weiß man nicht. War etwas mit den Flugzeugen geschehen oder wurden sie manipuliert?

Der erste Anschein des Geschehens in Ramstein war: Die Piloten haben nicht aufgepasst, die Zuschauer sind die Opfer, das Flugzeug der Gegenstand der Handlung. War es in Wirklichkeit ganz anders? Sind Zuschauer *und* die Piloten gemeinsame Opfer? Fassen wir sie alle zu einem Multicombin zusammen, erhalten wir den **26.7.1953**, einen Tag, an dem eine Mondfinsternis stattgefunden hat. Liegt etwas im Dunkeln? Noch auffallender ist, dass dieser Tag zugleich Jahrestag der Gründung der CIA ist (durch National Security Act vom 26.7. 1947). Steckte die CIA hinter dem Ramstein-Unglück zur Vertuschung des ersten Unglücks über dem Mittelmeer? Inzwischen wurde der NATO-Staat Italien immerhin zu Schadensersatz für die zivilen Opfer verurteilt.

Wie wir sehen können, gab es also eine doppelte Auswahl unter den Tausenden Zuschauern: die getöteten Zuschauer für sich führen zu einem gemeinsamen Geburtstag, der sich am Unglückstag zum 35. Mal gejährt hat und diese Zuschauer zusammen mit den abgestürzten Piloten wiederum verweisen auf die CIA. Soll es der Zweck dieses gemeinsamen Sterbens gewesen sein, diesen Hinweis zu geben? Eigentlich mag man das gar nicht glauben.

Gemeinsam wohnen:
Astrologische Stadt Heidelberg

Wäre ein Mensch allein auf der Erde, so lebte er nicht im Nichts. Ständig hat er wenigstens einen Bezug zu einer räumlichen Umgebung. Der Mensch erlebt am Lauf der Sonne verschiedene Himmelsrichtungen, Tageszeiten, Jahresrhythmen. Hierin entfaltet er sein Leben, hier hinterlässt sein Handeln Spuren. Ist dieses Handeln bewusst oder sogar auch unbewusst in diese kosmischen Zusammenhänge eingebettet? Gibt es damit auch eine Manifestation der Astronomie oder der Astrologie auf der Erde?

Die Steinsetzung im englischen Stonehenge kennt jeder, ein Bauwerk, welches nach der Sonne ausgerichtet ist und dessen Standort vermutlich auch astronomisch ausgesucht worden ist. Bei den Pyramiden in Gizeh verhält es sich ähnlich. Warum sollte diese Ausrichtung auf den Himmel nicht auch in dem einen oder anderen Fall bewusst bei Städten geplant worden sein? An verschiedenen Beispielen lässt sich das beobachten. Die eigentlich interessante Beobachtung wäre, wieweit sich dann später über die ursprünglichen Stadtgrenzen hinaus und damit auch nach der eigentlichen Gründungszeit astrologische Prägungen zeigen. Wirkt der einmal gesetzte Maßstab in den weiteren Bauwerken späterer Generationen weiter, ohne dass die dort lebenden Menschen sich dessen bewusst sind? Lebt ein späterer Mensch auf diese Weise in einer quasi nachtodlichen Gemeinschaft mit den vor ihm Verstorbenen dieser Stadt? Die Stadt trägt ja deren Spuren weiter in sich. Dies stelle ich Ihnen am Beispiel meiner Heimatstadt Heidelberg vor.

Heidelbergs Nachbarstadt Mannheim und andere Städte wie z.B. Karlsruhe sind viel bekannter für eine Entwicklung als Planstadt mit den ins Auge springenden Strukturen als »Quadratestadt« oder als »Fächerstadt«. Aber auch Heidelberg hat solches zu offenbaren. Heidelberg ist vermutlich im 13. Jahrhundert angelegt worden und hatte zunächst lediglich einen sogenannten Leitergrundriss anzubieten. Das sind zwei mit Querstraßen verbundene Parallelstraßen. Dieses Gebilde hat es aber in sich und zeigt Gesetzmäßigkeiten, die für jedermann sichtbar werden, wenn er darauf achtet. Die Stadt erstreckte sich vom damaligen *Oberen Tor* bei der Jakobspforte etwa gegenüber der Plankengasse der Hauptstraße entlang bis zum *Unteren Tor* – später *Mitteltor* genannt – an der Grabengasse/Universitätsplatz. Der eigentliche Hauptzugang zur Stadt führte von Norden über die heute *Alte Brücke* genannte Neckarüberquerung. Die Breite von Nord nach Süd entlang des Neckars reichte von der Alten Brücke bis zur Zwingerstrasse unterhalb des Schlossbergs und dem *Hexenturm* (jetzt auf dem Gelände der Neuen Universität).

Die Ausdehnung der befestigten Stadt war damit 600 Meter von Ost nach West, gemessen entlang dem geografischen Breitengrad. Die Breite der ursprünglichen Stadt nimmt westwärts zu, in der Mitte auf der Höhe der Heiliggeistkirche liegt sie bei 270 Metern, am westlichen Ende bei 450 Metern.

Die Abmessung der damaligen Kernstadt hat in mathematischer Hinsicht kosmische Entsprechungen, wenn man die Länge von 600 Meter betrachtet. Die Heidelberger Maßeinheiten waren damals: 1 Rute = 4,464 Meter, unterteilt in 16 Schuhe; 1 Schuh = 27,9 Zentimeter = 12 Zoll zu 2,325 Zentimeter. Der Schuh war die Maßeinheit insbesondere für Bauhandwerker.

Der »Heidelberger Werkschuh« entspricht mit seinen 27,9 Zentimetern der Zahl der Tage für einen siderischen Mondumlauf um die Sonne bzw. des Mondes einmal durch den Tierkreis. Die Zahl der Monate im Jahr spiegelt sich in der Zwölfteilung des Schuhs in Zoll. Die 600 Meter Ost-West-Ausdehnung der Stadt entsprechen mit nur 15 Zentimeter Abweichung 2.150 Schuhen. Das ist genau die Zahl der Jahre, die der astronomische Frühlingspunkt (an dem die Sonne am 21. März aufgeht) benötigt, um *ein* Tierkreiszeichen zu durchlaufen. Da 12 Zoll wiederum 1 Schuh sind, entsprechen den 600 Metern 25.800 Zoll, also die Zahl der Jahre, die der Frühlingspunkt für den ganzen Weg durch alle zwölf Zeichen des Tierkreises benötigt

(»platonisches Jahr«). Die Maßeinheiten Schuh und Zoll scheinen also dem Maß des Kosmos angelehnt. Allerdings stammen sie aus den *zeitlichen* Kategorien, weil sie auf Umlaufzeiten der Gestirne und ihre Proportionen bezogen sind. Dagegen ist unser heutiges Metermaß aus dem Erdumfang genommen, also den *räumlichen* Kategorien (Erdumfang durch 40 Millionen geteilt ergibt 1 Meter). Die Wahl von 600 Meter als seinerzeitige Ost-West-Länge der Stadt verbindet damit die räumliche Ausdehnung Heidelbergs mit dem zeitlichen Rhythmus unseres Universums.

Überträgt man die 360 Grade des Tierkreises (ein Zeitmaß) auf jeweils 360 Meter Länge (ein Raummaß) auf der Erde, so würde heute vom Karlstor im Osten bis zur Sofienstraße am heutigen Stadtmittelpunkt der Tierkreis fünfmal durchschritten, was 5 x 360 = 1.800 Meter entspricht, also der genau dreifachen Ausdehnung gegenüber der Kernaltstadt. Noch einmal fünf Durchgänge führen von der Sofienstraße bis zur Autobahn nach Mannheim auf der Höhe der letzten Ampel. Das sind dann insgesamt 3.600 Meter, die Zahl der Sekunden einer Stunde. Die Maße für Raum und Zeit verbinden sich auch dadurch heute noch in den Ausmaßen der Stadt.

Diese rein rechnerischen Zusammenhänge zeigen nur Quantitatives. Gibt es auch Qualitatives zu erkennen? Die Parallele von 360 Graden des Tierkreises und 360 Meter als Längenmaß fordert geradezu auf, astrologische Symbolik in den einzelnen Abschnitten der 360-Meter-Segmente zu suchen. Dazu muss die Stadt entsprechend aufgeteilt werden. Der Beginn des Tierkreises ist Widder, sein Ende das Zeichen Fische.

Beginnen wir also in *Nord-Süd-Richtung* am Brückentor der Alten Brücke mit Widder, der parallel zur geografischen Breite einen 30 Meter breiten Streifen in Ost-West-Richtung bildet. 30 Meter nach Süden folgt dann parallel das nächste Zeichen in der Reihenfolge: Widder, Stier, Zwillinge, Krebs, Löwe, Jungfrau, Waage, Skorpion, Schütze, Steinbock, Wassermann, Fische.

Vom Brückentor aus südlich gerechnet liegt damit z. B. der Herkulesbrunnen an der Heiliggeistkirche in der zum Tierkreiszeichen Löwen gehörenden Zone. Herkules wird traditionell mit einem Löwenfell dargestellt und symbolisch dadurch mit der Sonne als der astrologischen Herrin des Tierkreises gleichgestellt. Seine zwölf

Aufgaben entsprechen den zwölf Tierkreiszeichen. Seine Position in der ursprünglichen Kernstadt ist sowohl in Nord-Süd- als auch in Ost-West-Richtung genau die Stadtmitte, so wie die Sonne unser Zentralgestirn ist. Verblüffenderweise wurde der Herkulesbrunnen erst Jahrhunderte nach der Stadtgründung dorthin platziert, als die Mitte der Stadt sich durch die einseitige Ausdehnung nach Westen längst verlagert hatte.

Teilen wir die Stadt parallel zum Äquator nach dem Tierkreis in *Ost-West-Richtung*, würden wir auf der Höhe der Plankengasse mit Widder beginnen. Der Widder-Streifen verläuft auf der Nord-Süd-Linie. Daneben Richtung Westen neckarabwärts folgt ein 30 Meter breiter Stier-Streifen, dann 30 Meter Zwillinge usw. bis nach 360 Metern der Tierkreis wieder am Hotel Ritter gegenüber der Heiliggeistkirche von vorne beginnt.

Das Zeichen Widder tritt uns vielleicht bildlich oder in symbolischer Weise im Abstand von 360 Metern immer wieder entgegen, wenn wir diesem Zyklus folgen, so wie die anderen Tierkreiszeichen um 30 Meter versetzt ebenso manifestiert sein könnten.

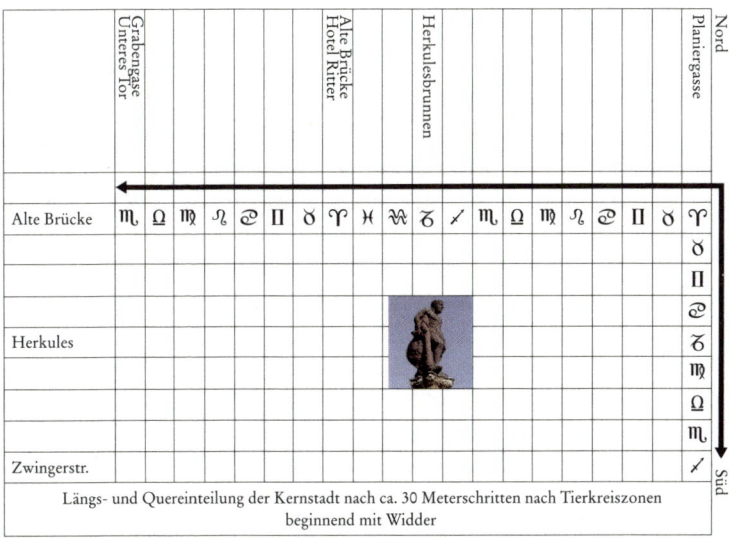

	Grabengasse Unteres Tor				Alte Brücke Hotel Ritter		Herkulesbrunnen						Nord Planiergasse	
Alte Brücke	♏ ♎ ♍ ♌ ♋ ♊ ♉ ♈ ♓ ♒ ♑ ♐ ♏ ♎ ♍ ♌ ♋ ♊ ♉												♈	
													♉	
													♊	
													♋	
Herkules													♑	
													♍	
													♎	
													♏	
Zwingerstr.													♐	Süd

Längs- und Quereinteilung der Kernstadt nach ca. 30 Meterschritten nach Tierkreiszonen beginnend mit Widder

Abb. 28: Ursprüngliche Stadtausdehnung mit Herkules im Zentrum

Westen	360 m	360 m	360 m	360 m	360 m	360 m	360 m Osten
SPD-Geschäfts-stelle	Römer-straße Polizei	Eisen-handlung	Buch-handlung Hahn und Schmitt	Märzgasse Mahlzahn	Güldenes Schaf	Hotel Ritter	Rhenania

Abb. 29: Ost-West-Ausdehung in 360-Meter-Schritten mit Widder-Manifestation

Beginnen wir also mit unserer astrologischen Symbolexkursion an der Plankengasse. Bevor wir nach Widder Ausschau halten, lohnt sich ein Blick neckaraufwärts zurück Richtung Osten. Dort müssten wir aus dem vor dem Widder liegenden Zeichen Fische etwas sehen. Die Astrologen ordneten diesem Zeichen Krankenhäuser, Gefängnisse oder gesellschaftliche Außenseiter zu. In Heidelberg ist dort die Jakobspforte, hinter der die Pilger des Jakobswegs vor der Stadt bleiben mussten. Denn die Bürger hatten Angst vor eingeschleppten Seuchen. Die Zuordnung passt in das astrologische Schema.

Wenden wir uns nun Richtung Westen und beginnen wir mit Widder. Widder ist das Zeichen, in dem Mars sein Haus hat. Dem antiken Kriegsgott Mars wird Feuer und Schwert und zusammen mit dem Zeichen Widder alle Spielarten dieser Symbolik zugeordnet (Eisen, Messer, Flammen, Farbe rot, Rivalität (Sport!), damit verbundene Berufe wie Militär, Polizei, Schneider, jede Verkörperung von Aggression). Die Ärzte des Mittelalters teilten auch den Menschen in astrologische Zonen ein, beginnend mit dem Kopf (Widder) bis zu den Füßen (Fische).

Am Beginn der symbolischen Reise im Osten gegenüber der Plankengasse steht das Haus Hauptstrasse 231. Es beherbergt die schlagende Studentenverbindung Rhenania. Im Namen führt sie den Rhein und nimmt damit Bezug auf das dem Widder vorhergehende angrenzende Wasserzeichen Fische. Wenige Meter weiter befindet sich die Weinhandlung Hermann Witter. Der Übersichtlichkeit halber wollen wir die weiteren Zeichen hier überspringen und nur die Widderabschnitte aufsuchen.

Nach 360 Metern befinden wir uns auf der Hauptstraße in Höhe der Heiliggeistkirche. Jetzt beginnt wieder ein neuer Zyklus, also Widder, Stier usw. Schauen wir uns um, fällt der Blick auf das Hotel zum Ritter St. Georg. Der französische Erbauer hieß Charles Belier. Belier bedeutet auf deutsch Widder. Das Familienwappen ist an der Fassade zu sehen. Hier trifft der abgelaufene Tierkreis mit seinem letzten Zeichen Fische mit dem Widder des neuen Tierkreises zusammen. Das Familienwappen von Beliers Frau enthält die Fische. An der Fassade treffen sich also symbolisch die beiden im Tierkreis benachbarten Abschnitte.

Gehen wir 360 Meter weiter, kommen wir an das Güldene Schaf, ein Haus, welches seit über 200 Jahre unter dieser Bezeichnung an dieser Stelle unter diesem Namen geführt wird. Halten wir kurz inne, fällt uns auf, dass diese Beziehung zum Zeichen Widder sich erst nach der Entstehung des Stadtgrundrisses ergeben hat. Ein geplanter Zusammenhang liegt deshalb wohl ziemlich fern. Das ist eine der Überraschungen dieser Betrachtung, dass sich diese Zuordnung teilweise von ganz alleine herstellt. Des Weiteren wurde schon verdeutlicht, dass die 360 Meter am Breitengrad auf der Höhe Heidelbergs gemessen werden und nicht der Hauptstraße entlang laufen, die alles andere als schnurgerade ist und auch nicht genau parallel zur geografischen Breite liegt. Die Einteilung folgt also nicht dem Menschenwerk alleine, sondern offenbar globalen Kriterien.

Diese Orientierung der Maßeinheiten am Breitengrad ist auch bei anderen Bauwerken zugrunde gelegt worden, wie z. B. der Kathedrale von Chartres, wo 1/100.000 des Abstands zwischen zwei Meridianen auf dem Breitengrad von Chartres das exakte Baumaß einer Elle ergeben hat.

Setzen wir unseren Weg fort: Nach weiteren 360 Metern m erreichen wir die Märzgasse. Im März jeden Jahres betritt die Sonne das Zeichen

Widder. Der März hat wie viele Monate seine Bezeichnung aus dem römischen Kalender und leitet sich von Mars ab. Die astrologische Tradition weist dem Planeten Mars das Zeichen Widder im Tierkreis als sein Domizil zu. Alte Karten verzeichnen jenseits der Straße Plöck auf dieser Höhe den »Märzberg«. In der Märzgasse gibt es die Bäckerei Mahlzahn (Stand 2008), ein für den Mars typischer Name.

Nach dem nächsten Zyklus von 360 Metern schauen wir auf die ehemalige Buchhandlung Wolf, die jetzt Schmidt und Hahn heißt. Der Schmied als Beherrscher von Feuer und Eisen ist marsisch, wie auch der Hahn mit dem roten Kamm auf dem Kopf, als der Macho auf dem Hühnerhof.

So geht es aus der Hauptstraße hinaus in ihre Verlängerung, die Bergheimer Straße, im 360-Meter-Abstand mit Widdersymbolik weiter mit Eisenwaren (Bergheimer Str. 27). Nach 360 Metern kommen wir zur Römerstraße – zugleich Sitz der neuen Polizeidirektion, die der Widderzone entlangläuft. Die »rote« SPD hat ihre Heidelberger Geschäftsstelle Bergheimer Str. 88 nach weiteren 360 Metern im Widder, der auch für die Farbe rot steht. Nächste Station für Widder ist an der Ecke Bergheimer/Karl-Metz-Str. das Café No. One (Stand 2008), dekoriert mit Wettkampfpokalen (Widder will immer der Erste sein). Die Wände im Innern sind rot. Auch die Wasserschutzpolizei in der Vangerowstraße parallel zur Bergheimer Straße finden wir im Widder.

Der Name der Einwohner hat manchmal auch einen wörtlichen Bezug zur Tierkreiszone. Im Adressbuch 1868 finden wir z.B. Fräulein Widder als einzige Bürgerin mit Namen »Widder« in der Hauptstraße Nr. 115 (Widderzone).

Ähnliches ergeben die anderen Tierkreiszeichen, dies soll hier aber nicht weiter ausgeführt werden. Das eigentlich Verblüffende ist, dass die Ansiedlung der entsprechenden Häuser, Geschäfte, Menschen in den passenden astrologischen Zonen oft Jahrhunderte nach der Gründung der Stadt geschehen. Auch das erwähnte Hotel Ritter wurde erst nach der Gründung der Stadt errichtet. Der weitere Überraschungseffekt liegt in dem Hinausreichen dieser Tierkreisrhythmik über die eigentlichen räumlichen Grenzen der ursprünglich geplanten Stadtausdehnung. Wollte man heute eine solche astrologisch-symbolische Belegung von Bauflächen planerisch durchsetzen, wäre dies ein Ding der Unmöglichkeit. Dass es von alleine über Grenzen von Raum und Zeit hinweg geschieht, hat etwas Zwangloses und zugleich Faszinierendes an sich und ist Realität, selbst wenn sie dem flüchtigen Betrachter entgeht.

Gemeinsamer Namenspatron: Gutenbergschule Erfurt und Albertville-Schule Winnenden, Flüchtlingsschiffe »Wilhelm Gustloff« und »Goya«

Am 26.4.2002 betrat der damals 19-jährige Robert Steinhäuser (*22.1. 1983 Erfurt) seine ehemalige Schule in Erfurt. Er hatte sie wegen der Fälschung von ärztlichen Attesten verlassen müssen, mit denen er sich für Fehlzeiten im Unterricht hatte entschuldigen wollen. Nun kehrte er für einen Tag zurück, richtete seine mitgebrachten Schusswaffen gegen ehemalige Mitschüler und Lehrer und tötete sich schließlich selbst. Siebzehn Menschen verloren bei diesem Blutbad ihr Leben. Die Schule war 1909 für die ersten Schüler eröffnet worden. Als Namenspatron für das Schulhaus hatte man Johannes Gutenberg, dem wir den Buchdruck verdanken, gewählt.

Abb. 30: Das Erfurter Gutenberg-Gymnasium am 5. Mai 2002, wenige Tage nach dem Amoklauf

*Abb. 31: Johannes Gutenberg
(Kupferstich, Künstler
unbekannt)*

Wir wissen, wie ein Name einen Menschen prägt. Es gibt Unter-
suchungen darüber, dass bestimmte Namen sogar den schulischen Erfolg
begünstigen, andere ihn behindern. Ähnlich scheint es mit Gebäuden
zu sein, die wir benennen, wie sich am Beispiel dieses Schulmassakers
zeigt. Die Todesopfer haben als Gruppe ein gemeinsames Horoskop,
welches sich aus dem Durchschnitt der Geburtstage aller Toten
errechnet (Combinhoroskop **7.2.1960**). Die Opfergruppe steht in
enger Beziehung zum Todestag des Schulpatrons Gutenberg (*3.2.1468
julianischer Kalender). Die Opfergruppe hat die Sonne im Jahreslauf
nur vier Tage vor der Sonne am Todestag Gutenbergs. Aber auch Pluto
und Neptun stehen an beiden Tagen jeweils fast an derselben Stelle im
Tierkreis.

Sieben Jahre später, am 11.3.2009, wiederholte sich dieses Szenario.
Wieder kam ein ehemaliger Schüler, der sich von seinen Mitschülern
und Lehrern nicht geachtet fühlte, bewaffnet zurück an seine alte
Schule. Diesmal war es Tim Kretschmer (*26.7.1991), der mit einer
Beretta-Pistole in der Albertville-Realschule in Winnenden Amok
lief. Dort tötete er Mitschüler und Lehrer. Auf der Flucht mussten
noch weitere Menschen ihr Leben lassen, bis er sich selbst tötete. Die

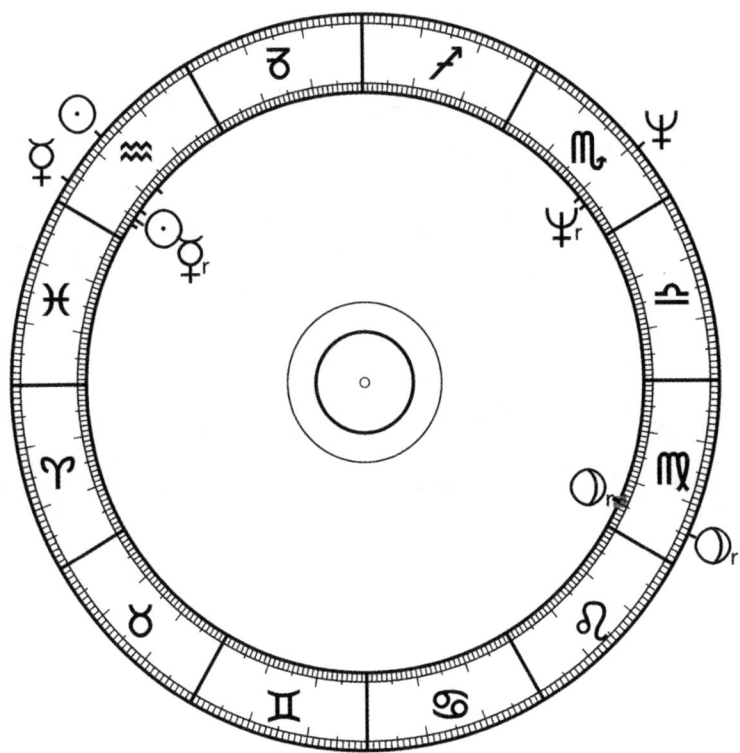

Abb. 32:
Innen: Todestag Johannes Gutenberg
Außen: Combin der Opfer 7.2.1960

Albertville-Schule ist benannt nach der französischen Partnerstadt von Winnenden. Albertville verdankt seinen Namen dem König von Sardinien-Piemont Carlo Alberto (*2.10.1798). Sein Todestag, der 28. 7.1849, deckt sich fast mit dem Geburtstag des Attentäters.

Bei anderen Ereignissen konnten wir sehen, dass der Ereignistag dem Jahrestag des gemeinsamen Geburtstages entsprach. Hier stand dagegen die Sonne am Tag des Amoklaufs (11.3.2009) der Sonne des gemeinsamen Geburtstages der Toten (13.9.1985) im Jahreslauf genau gegenüber.

71

Abb. 33: Gedenken vor der Albertville Realschule

Welche Bedeutung für eine tote Sache deren Namenspatron oder genauer gesagt seine Lebensdaten haben kann, ist in einem weiteren Beispiel zu sehen.

Wilhelm Gustloff (*30.1.1895), NSDAP-Landesgruppenleiter der Schweiz, wurde in Davos am 4.2.1936 von einem Nazi-Gegner erschossen. Die Witwe Gustloffs war eine ehemalige Sekretärin Hitlers. Dieser versprach ihr, er werde ihrem Mann ein ewiges Denkmal setzen. So kam es auch und doch ganz anders als gedacht. Nachdem im Rahmen der Organisation *Kraft durch Freude* für Nazifunktionäre das erste Kreuzfahrtschiff für Passagiere gebaut worden war, erhielt es zum Gedenken den Namen *Wilhelm Gustloff*. Ab Beginn des Zweiten Weltkrieges wurde es der Kriegsmarine unterstellt, wurde dadurch zunächst zum Lazarettschiff umgebaut und dann gegen Kriegsende als Flüchtlingsschiff eingesetzt. Denn Tausende Flüchtlinge, Frauen und Kinder, wollten aus den von den Russen eingeschlossenen Ostgebieten noch in den Westen gelangen. Die mit über 5.000 Zivilisten überquellende *Wilhelm Gustloff* brachte die Menschen allerdings nicht mehr rechtzeitig in Sicherheit. Sie

Abb. 34: Postkarte M.S. Wilhelm Gustloff

wurde von einem sowjetischen U-Boot am 30.1.1945 in der Ostsee versenkt. Kaum jemand überlebte diesen Untergang in der Eiseskälte. Genau an diesem Tag hätte der Mensch Wilhelm Gustloff seinen 50. Geburtstag feiern können, wäre er nicht vorher umgebracht worden. Das Datum ist zugleich der 12. Jahrestag von Hitlers sogenannter Machtergreifung gewesen. Heute ist die *Wilhelm Gustloff* nicht mehr mit der Erinnerung an die Person Gustloff, sondern nur mit der Gnadenlosigkeit des Krieges verbunden.

Dem Schwesterschiff *Goya* ging es einige Wochen später nicht viel besser. Auch dieses Schiff transportierte Flüchtlinge über die Ostsee, bis es am 16.4.1945 von einem russischen Schiff kurz vor Mitternacht mit Torpedos beschossen wurde und wenige Minuten darauf versank. Etwa 7.000 der Flüchtlinge ertranken. Das Schiff war benannt nach dem spanischen Maler Francisco José de Goya y Lucientes, dessen Todestag im Jahr 1828 ebenfalls auf den 16.4. fällt. Dem nicht genug: Auf der Suche nach dem gesunkenen Schiff erreichte eine Tauchercrew das Wrack der gesunkenen Goya genau am 16.4.2003. Goya hatte

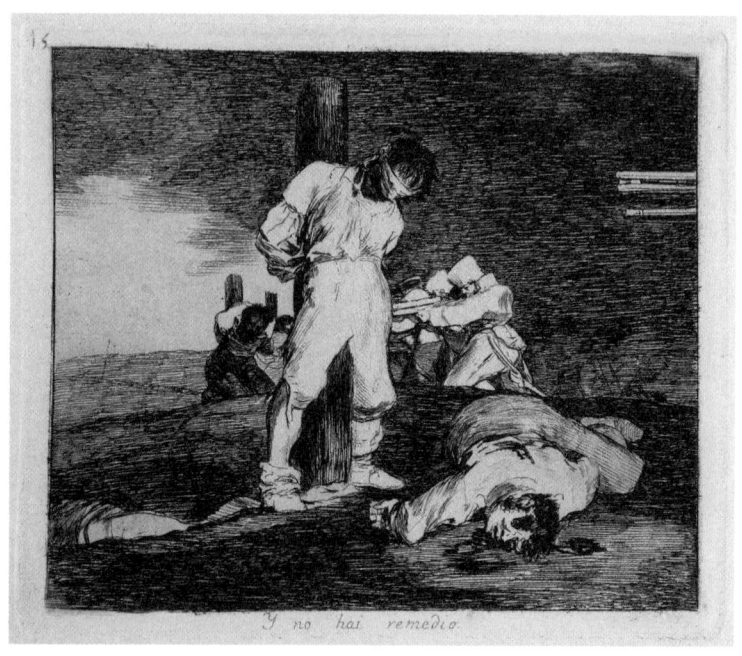

Abb. 35: Francisco José de Goya, Desastros de la Guerra, Blatt 15

in der Zeit von 1810 bis 1820 in 82 Bildern in der Reihe *Desastros de la Guerra* (Die Schrecken des Krieges) die Grausamkeiten der napoleonischen Soldaten gegen die aufständischen Spanier dargestellt. Der Schiffsuntergang ist damit eine doppelt schreckliche Erinnerung.

Die Frage ist nun: Was wäre passiert, wenn die Schule in Erfurt oder das Schiff einen anderen Namenspatron gehabt hätte? Wäre die Gruppe der Todesopfer aus anderen Menschen zusammengesetzt, um eine Beziehung mit dem anderen Namenspatron zu haben? Man denkt beinahe an Riten des Segnens oder Verfluchens, wenn der Name einer Sache, eines Gebäudes, eines Schiffes usw. eine Wirkung auf Menschen haben soll. Wenn Sie das sehen, werden Sie vielleicht ein beklemmendes Gefühl bekommen, bei dem Gedanken, Sie sollten ein Gebäude oder ein Schiff auf einen Namen taufen, für den es ein Horoskop gibt. Noch schlimmer: Sie sollen den Namen aussuchen!

Gemeinsamer Ahnherr:
Kaspar Hauser

Um das Findelkind Kaspar Hauser ranken sich seit über 200 Jahren die Gerüchte, er sei ein aus dem Weg geräumter Prinz, dem eigentlich der Thron des Hauses Baden zugestanden habe.

In Karlsruhe hatte Markgraf Carl-Friedrich über viele Jahrzehnte das Land Baden regiert. Nach dem Tod seiner Frau heiratete er die nicht standesgemäße Luise Geyer von Geyersberg, spätere Reichsgräfin Hochberg. Zu seinen drei erstehelichen Söhnen Karl Ludwig (*14. 2.1755), Friedrich (*29.8.1756) und Ludwig (*9.2.1763) kamen aus dieser zweiten Ehe weitere Söhne hinzu, die aber erst erbberechtigt sein sollten, wenn aus der ersten Ehe (Zähringer Linie) keine männlichen Nachkommen mehr leben würden.

Nach dem Tod Carl-Friedrichs im Jahr 1811 wäre eigentlich der älteste Sohn Karl-Ludwig nachgefolgt. Dieser war aber bereits 1801 bei einem Schlittenunfall in Schweden umgekommen, sodass dessen Sohn Karl (*8.6.1786) Markgraf von Baden wurde, allerdings nur für zwölf Jahre, da er schon im Alter von 32 Jahren starb. Wie es schien, hinterließ er nur Töchter, keine erbberechtigten Söhne. Denn Karls am 29.9.1812 geborener noch namenloser Sohn (Kaspar Hauser?) starb wenige Tage nach der Geburt und auch der nächste Sohn Alexander (*1.5. 1816) wurde nur ein Jahr alt. Sein Vater Karl vermutete selbst bereits, Alexander sei vergiftet worden.

Nächster Thronfolger wäre jetzt Friedrich, der zweite Sohn des alten Markgrafen, geworden, wäre er nicht selbst ein Jahr vor dem jungen Karl verstorben.

Abb. 36: Kaspar Hauser

So übernahm Ludwig, der letzte Sohn des Markgrafen Carl-Friedrich aus der Zähringer Linie die Regierung bis zu seinem Tod 1830. Er hinterließ keine erbberechtigten Söhne. Die Zähringer Linie hatte damit keine männlichen Erben mehr vorzuweisen. Das machte den Weg für die Söhne aus der zweiten Ehe des alten Markgrafen (Hochberglinie) frei und der älteste von ihnen, Leopold (*29.8.1790), bestieg am 30.3.1830 den badischen Thron.

Als nun zwei Jahre zuvor an Pfingsten 1828 in Nürnberg ein junger Mann auftauchte, der kaum vernünftig sprechen konnte, gab es großes Rätselraten, wer er sei. Sein Name war entsprechend einem Zettel, den er bei sich hatte, »Kaspar Hauser«. Er erzählte von einer jahrelangen Gefangenschaft im Dunkeln und die Öffentlichkeit fragte sich bald, wer wohl ein Interesse daran gehabt haben könnte, jemand unter diesen Umständen zu verstecken und wer wohl das Geld habe, dies über Jahre zu finanzieren.

Nürnbergs Bürgermeister Binder schöpfte den Verdacht, es könne ein »dynastisches Verbrechen« geschehen sein. Das Kind sei möglicherweise um seine Thronfolge betrogen worden. Die Organisation und die finanziellen Mittel für diese Tat könnten sich vermutlich nur Adelshäuser leisten. Binder fragte in einer öffentlichen Bekanntmachung nach der Herkunft des Kindes, welches bald den Namen »Kind von Europa« bekam. Schließlich sah sich auch der Ansbacher Gerichtspräsident Anselm von Feuerbach in der Adelswelt um und stieß dabei auf das frühe und manchmal rätselhafte Sterben der männlichen Familienmitglieder in Baden im Haus der Zähringer. Erstaunlicherweise hatten die vielen Töchter keinen so frühen Tod erlitten oder befremdliche Todesumstände. Damit wandte er sich 1831 mit einem Geheimdossier »Wer möchte wohl Kaspar Hauser sein?« an die Königin Karoline von Bayern, die nach dieser Theorie eine Tante des Findelkindes hätte sein müssen. Feuerbach starb allerdings schon 1833 unter ungeklärten Umständen, wobei in seiner Familie der Verdacht einer Vergiftung ausgesprochen wurde. So nahmen die Spekulationen ihren Lauf.

Was hier sehr verkürzt geschildert wurde, endete damit, dass nun auch das Findelkind Kaspar ein halbes Jahr später in Ansbach auf mysteriöse Weise umgebracht wurde, drei Jahre nachdem Leopold aus der Hochberglinie den Thron bestiegen hatte. Bis heute wird erbittert darüber gestritten, ob nicht Kaspar Hauser der legitime Zähringer Thronerbe des Hauses Baden gewesen wäre. Kaspars jahrelanges Verschwinden soll dadurch vertuscht worden sein, dass an seiner Stelle der drei Tage ältere Johannes Blochmann, Sohn eines Hofbediensteten, für wenige Tages als Thronfolger ausgegeben und dann umgebracht wurde.

Leopold, ein Kind aus der zweiten Ehe (Hochberglinie) verdankte seine Markgrafschaft, egal wer Kaspar Hauser wirklich war, in jedem Fall dem Umstand, dass so viele vorrangige Thronfolger vor ihm gestorben sind.

Fassen wir diese Toten einmal mit ihren Geburtstagen rechnerisch zusammen. Die Söhne des Markgrafen: Karl Ludwig, (*14.2.1755), Friedrich (*29.8.1756), Ludwig (*9.2.1763), Enkelsohn Karl (*8.6. 1786), Urenkel: Alexander (*1.5.1816). Kaspar Hauser ist nicht dabei, denn er wurde ja seinerzeit noch von niemandem als Thronerbe angesehen. Die Geburtsdaten der verstorbenen Thronfolger ergeben als Durchschnittsgeburtstag den **13.7.1775**. Baden wurde am 12.7.1806 mit seinem Beitritt zum napoleonischen Rheinbund Großherzogtum. Man sieht am fast gleichen Stand der Sonne schon eine enge Beziehung der Todesfälle zum Großherzogtum Baden.

Nehmen wir den alten Markgrafen Carl-Friedrich als Ahnherr der Zähringer und der Hochberg-Linie mit in die Rechnung auf, so kommen wir auf den **4.10.1767**. Auf den Tag genau 50 Jahre später (4.10.1817) unterzeichnete Karl, Enkel des alten Markgrafen und mutmaßlicher Vater Kaspar Hausers, das badische Hausgesetz zur Erbberechtigung der männlichen Nachkommen aus der Hochberglinie, für den Fall dass die Zähringer aus der ersten Ehe aussterben sollten. Damit erzählt uns die Sonne zum zweiten Mal etwas über die Verbindung der Toten zur badischen Thronfolge. Denn sie steht an beiden Tagen an der gleichen Stelle und offenbart damit geradezu die Umstände, wie es zu dieser erschlichenen Thronfolge kommen soll.

Wie in unserem obigen Beispiel der NSU-Morde führen auch die Todestage in ihrer Zusammenschau zu einem aufschlussreichen Datum. Die toten Thronerben Karl Ludwig (†16.12.1801), Friedrich (†28.5. 1817), Ludwig (†30.3.1830), Karl, (†18.12.1818), Alexander (†8.5.1817) und die drei Vertuschungsopfer Blochmann (†17.10.1812), Feuerbach († 29.5.1833) und Kaspar Hauser (†17.12.1833) haben als gemeinsamen durchschnittlichen Todestag den **5.10.1820**. Die Sonne steht auch hier wieder an derselben Stelle wie an dem Tag, als Karl drei Jahre zuvor für die Hochberglinie die Erbberechtigung unterzeichnet hatte (4.10.1817 badisches Hausgesetz zur Neuregelung der Thronfolge; siehe oben). Dieses Datum 4.10.1817 spiegelt sich dadurch ein zweites Mal in den Lebensdaten der Beteiligten wider.

Eine manipulierte Thronfolge muss ja irgendwie vertuscht werden. Wie schon angedeutet, starben einige Menschen deswegen: das Kind des Hofangestellten Blochmann (*26.9.1812) stellvertretend für Kaspar, der Gerichtspräsident Feuerbach (*14.11.1775), der die Intrige später aufgedeckt hatte, sowie Kaspar Hauser selbst (*29.9.1812), der ja nun mittels eines Vormundes dem Markgrafen Leopold von Hochberg den Thron hätte nachträglich streitig machen können. Nehmen wir diese drei Vertuschungsopfer zum alten Markgrafen und den toten Erbberechtigten hinzu, fällt der so errechnete Gemeinschaftsgeburtstag

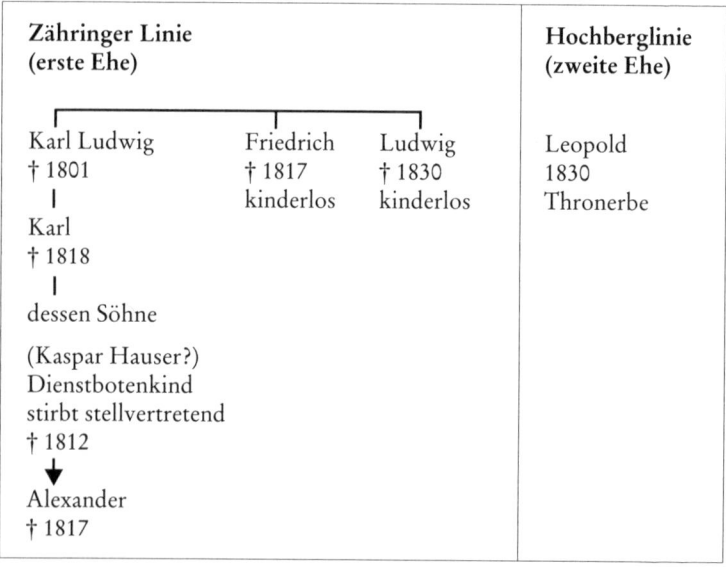

Abb. 37: Männliche Erbfolge nach Carl-Friedrich Markgraf von Baden †1811. Erst durch die Todesfälle in der männlichen Zähringer Linie kommt die Hochberglinie zur Thronfolge.

auf den **27.8.1778**, nur zwei Tage vor den Geburtstag des »falschen« Thronfolgers Leopold (*29.8.1790).

Die Daten 4.10.1767, 4.10.1817 und 5.10.1820 haben hohe symbolische Bedeutung. Kaspar wurde wegen seines grausigen Schicksals international bekannt und als »Kind von Europa« bezeichnet. Die Herzen der Menschen in ganz Europa waren in Mitleid vereint. Auch am 3.10.1990 gab es eine sensationelle Vereinigung, als nach dem Kalten Krieg die Trennung der Welt in Ost und West durch die deutsche Wiedervereinigung aufgehoben wurde und die Europäische Gemeinschaft sich nach Osten auszudehnen begann. Die Sonne war wieder am selben Punkt im Tierkreis. Jahre zuvor (3.10.1926) wurde der erste Paneuropäische Kongress in Wien veranstaltet. Hat die Geschichte Europas nicht unübersehbare Bezüge zum »Kind Europas«?

Gemeinsam eingeschlossen: Papst Franziskus und Anne Frank

Stirbt ein Papst, muss umgehend alles für eine Neuwahl in die Wege geleitet werden, damit der Stuhl Petri nicht zu lange verwaist bleibt. Die Wahl selbst kann aber nicht gleich am nächsten Tag beginnen. Denn die wahlberechtigten Kardinäle müssen aus aller Welt erst anreisen. Sind sie vollzählig, werden sie in der Sixtinischen Kapelle zum Konklave (lat. *cum clave*: mit dem Schlüssel) eingeschlossen, sodass von außen keine Einflussnahme möglich ist. Erst wenn sich die Kardinäle auf einen neuen Papst geeinigt haben, werden sie wieder aus ihrem freiwilligen Gefängnis erlöst.

Die Zusammensetzung des Konklave ist nicht zufällig. Viele Päpste haben mit Blick auf ihr Lebensende selbst auf die Wahl des Nachfolgers Einfluss genommen, indem sie noch eine große Anzahl von ihnen theologisch nahestehenden Kardinälen bestimmt haben. Dennoch scheinen die im Konklave versammelten Kardinäle durch ein unsichtbares Band verknüpft. Im Jahr 2013 trat der sich noch im Amt befindliche Papst Benedikt XVI. zurück, sodass eine Neuwahl notwendig wurde. Am 13.3.2013 war man sich bereits einig, es stieg aus dem Kamin der Sixtinischen Kapelle der berühmte weiße Rauch

auf, der von den verbrannten Stimmzetteln stammte. Damit wurde signalisiert »Habemus Papam«. Die Kardinäle hatten sich auf den argentinischen Kardinal Jorge Mario Bergoglio geeinigt.

Fassen wir die Kardinäle des Konklave zu einem gemeinschaftlichen Geburtstag zusammen wie in den anderen Beispielen dieses Buches, kommt der **16.3.1941** heraus. Bergoglio nahm den Namen Franciscus an. Am 16.3.2013 erklärte er, er habe sich nach Franziskus von Assisi benannt, weil Cláudio Hummes ihn nach seiner Wahl im Konklave gebeten habe: »Vergiss die Armen nicht!«. Das ist der 72. Gemeinschaftsgeburtstag der Kardinäle! Zwei Kardinäle, die eigentlich wahlberechtigt waren, hatten am Konklave nicht teilgenommen. Das Ergebnis des gemeinsamen Combins wäre sonst ein anderes gewesen.

Einer der beiden Kardinäle, Keith Patrick O´ Brien aus Irland, geboren am 17.3.1938 hatte wegen des Vorwurfs sexueller Übergriffe, die er später eingeräumt hatte, auf sein Recht zur Teilnahme am Konklave verzichtet. Der Kirchenerlass des Vatikans zum sexuellen Missbrauch anlässlich der Beichte (Crimen Sollicitationis) stammt vom 16.3.1962. Damit fällt der Sonnenstand beider Daten erstaunlicherweise auf denselben Grad im Tierkreis wie an dem Tag, als der neue Papst seine Namenswahl begründet hat. Er hatte es sich auch zum Ziel gesetzt, die zahlreichen Vertuschungen sexueller Übergriffe durch kirchliche Würdenträger zu beenden.

Auch Anne Frank war zeitweise von der Außenwelt abgeschlossen, allerdings länger als die Kardinäle im Konklave. Sie wurde nach ihrem Tod durch ihr Tagebuch weltweit bekannt. In diesem hatte sie ihre Zeit in einem Versteck in Amsterdam beschrieben. Annes Vater Otto Frank war nämlich Jude und wollte seine Familie vor den Nazis in den Niederlanden in Sicherheit bringen. Er war Leiter der Zweigniederlassung der Firma Opekta in Amsterdam, Prinsengracht 263. Dort richtete er im Hinterhaus ein Versteck ein, wo er, seine Frau und seine Kinder sowie eine weitere Familie im Verborgenen lebten und von Helfern versorgt wurden. Der Zugang zu den verborgenen Räumen befand sich hinter einem Bücherregal. Das Versteck bezogen sie gemeinsam am **9.7.1942.** Die heimliche Wohngemeinschaft bestand aus:

Abb. 39: Anne Frank

Anne Frank (*12.6.1929), Otto Frank, Annes Vater (*12.5.1889), Edith Frank, Annes Mutter (*16.1.1900), Margot Frank, Annes ältere Schwester (*16.2.1926), Hermann van Pels (von Anne genannt: *Hans van Daan*, im Tagebuch genannt: *Hermann van Daan*) (*31.3.1898), Auguste van Pels (*Petronella van Daan*) (*29.9.1900), Peter van Pels (von Anne genannt: *Alfred van Daan*, im Tagebuch genannt: *Peter van Daan*), Sohn von Hermann und Auguste (*8.11.1926), und Fritz Pfeffer (»Albert Dussel«), einem jüdischen Zahnarzt (*30.4.1889)

Ihr Multicombin ergibt den 9.7.1907. Das heißt, dass sie an ihrem gemeinsamen 35. Geburtstag zusammen das Versteck bezogen hatten. Die Familie wurde am 4.8.1944 nach über zwei Jahren durch einen Verrat entdeckt und verhaftet und kam in verschiedenen KZs ums Leben.

Gemeinsam überleben: Amundsen am Südpol

Die Amerikaner und Russen sind den Älteren unter uns mit dem ehrgeizigen Ziel, als Erste zum Mond zu fliegen, noch gut in Erinnerung. Ganz ähnlich nahm etliche Jahrzehnte zuvor die Welt Anteil an dem Wettlauf des Norwegers Roald Amundsen (*16.7.1862) und des Engländers Robert Falcon Scott (*6.6.1868), den geografischen Südpol zu erreichen. Das Überleben im Eis war für Europäer ohne ausreichende Erfahrung ein enormes Risiko. Der Umgang mit Schlittenhunden oder technische Probleme mit Motorschlitten, Bevorratung von Lebensmitteln und zahlreiche andere Probleme des Alltags in dieser unwirtlichen Umgebung waren die Herausforderung. Amundsen hatte sich die nötigen Kenntnisse bei den Inuit verschafft oder erfahrene Begleiter angeheuert. Scott fehlten diese Erfahrungen und so konnte er mit dem Tempo Amundsens auf dem Eis nicht mithalten. Amundsen hatte bei der Wahl der Route allerdings auch Glück und so kam er bereits am 13.12.1911 als Erster am Südpol an. Scott schaffte es erst einen Monat später. Er fand nur einen Brief Amundsens an den norwegischen König vor mit der Bitte, Scott möge diesen Brief mitnehmen. Scott sollte also den Beweis, dass Amundsen ihm zuvorgekommen war, selbst nach Europa befördern. Dazu kam

Abb. 40: Roald Amundsen am Südpol

es nicht mehr, da Scott und seine Begleiter auf dem Rückweg aus dem
ewigen Eis ihr Leben verloren. Amundsen konnte dagegen lebend
zurückkehren.

Teilnehmer auf der letzten Etappe Amundsens zum Südpol waren
außer ihm selbst (*16.7.1872) Olav Bjaaland Olav (*5.3.1873),
Helmer Hannssen (*24.9.1870), Sverre Hassel (*30.7.1876) und Oscar
Wisting (*6.6.1871). Ihr gemeinsamer Geburtstag ergibt den **21.
11.1872.** Das ist fast der 64. Geburtstag von Thomas Cook (*22.11.
1808), welcher der Urvater der Massentouristik ist. Das Combin der
Expeditionsteilnehmer kommt mit seinem Sonnenstand auch in die
Nähe des 18.11.1905. An diesem Tag hatte Haakon VII. die norwegische
Königskrone angenommen. Der König und seine Frau gehörten zu den
privaten Geldgebern der Südpolexpedition. Amundsen benannte aus
Dankbarkeit und Patriotismus das Plateau, auf dem der Südpol lag, mit
dem Namen des Königs.

Wie die Sonne uns verbindet

Wer die merkwürdigen gemeinschaftlichen Beziehungen der Menschen in unseren Beispielen hier angeschaut hat, wird zumindest nachdenklich. Dem folgt sicher die Frage, was denn diese Zusammenhänge überhaupt sagen und warum sich die Gemeinschaftsbeziehungen ausgerechnet in bestimmten Kalenderdaten ausdrücken.

Sehen wir uns zunächst einmal um, wie Menschen sich gegenseitig bezeichnen. Sie geben sich Namen. Wenn sie ihre Einmaligkeit, ihre Identität, belegen sollen, zeigen sie vielleicht einen Ausweis vor. Darin stehen dann außer dem Namen ihr Geburtsdatum, vielleicht noch der Wohnort und eine Staatsangehörigkeit. Stirbt der Mensch, meißelt man in seinen Grabstein wieder den Namen und jetzt zwei Kalenderdaten: Geburt und Tod. Straßenschilder, die Namen prominenter Menschen tragen, enthalten manchmal auch diese Lebensdaten, vielleicht noch deren Beruf oder ihre Stellung in der Gesellschaft.

Warum sind uns die Geburtsdaten so wichtig? Um einen Menschen und sein Leben zu würdigen, wären sie eigentlich nicht so unbedingt erforderlich. Diese Daten nehmen Bezug auf den Kalender, der sich bekanntlich am Stand der Sonne orientiert. Unser physisches Dasein ist ausgerichtet an Raum und Zeit. Die Stunde messen wir anhand der scheinbaren Umkreisung der Erde durch die Sonne und die Tage am Jahreslauf der Erde um die Sonne. Wo auf der Erde wir sind, messen wir in Metern, einem aus dem Umfang der Erde abgeleiteten Maß. Wir nehmen also in der materiellen Welt fortwährend Bezug auf die Bewegung von Himmelskörpern und ihre Beziehung untereinander.

Unsere materiell geprägte Welt wird vom Geld regiert. Diese Welt des Geldes beschreiben wir mit den Fragen: „Was bekomme ich für mein Geld? Wann und für wie viel? Börsenkurse bilden auch wieder zeitliche Kategorien materieller Wertvorstellungen ab. Inflation oder Zinsen bilden ab, dass materielle Werte von gestern anders sind als Werte von heute. Sie bestimmen ganz erheblich die Strukturen unserer Gesellschaft. Man muss nicht Marxist sein, um das zu sehen. Weltwirtschaftskrisen sind keine Glaubensbekenntnisse, sondern Tatsachen.

So erreicht offenbar das Universum unsere alltägliche Aufmerksamkeit am leichtesten, indem es Lebenszusammenhänge in der Sprache von Kalenderdaten vor unser Bewusstsein stellt.

Der Lebenslauf eines Individuums wird von uns mit Kalenderdaten beschrieben. Was während des Lebens wichtig war, lässt sich damit kaum darstellen. Weiß ich wirklich etwas, wenn ich über einen Menschen sage: »Er wurde am 26. April 1954 in Heidelberg geboren und starb dort am 4. Januar 2025?« Setzen wir aber diese Daten mit denen anderer Menschen in Beziehung, sieht man den Zusammenhang mit deren Lebensläufen. Füge ich den Lebensdaten, die nur Anfang und Ende ausdrücken, auch die Tage hinzu, an denen etwas Bemerkenswertes von diesem Menschen ausging oder mit ihm geschah, wird es schon mehr.

Zeigt nicht der Vorfall im Kantonsparlament in Zug das Thema Waffengewalt und Beziehung eines Einzelnen zum Staat, wenn die Geburtsdaten Beziehungen herstellen zu dem Erfinder einer Waffe und zu einem Attentatsversuch gegenüber einem Diktator? Und diese Beziehung ergibt sich aus der Zusammenfassung von Geburtstagen mehrerer Menschen, die an ein und demselben Ereignis beteiligt waren.

Es zeigen sich ganz bestimmte inhaltliche Anknüpfungspunkte:

Bei zwei Menschen ist es z.B. das füreinander empfundene Gefühl. Es kann *Liebe,* aber auch *Abneigung* sein, die sie ihre Wege kreuzen lässt.

Zuweilen treffen mehrere Menschen aufeinander und verbinden sich wegen ihrer gemeinsamen *Interessen* (Göttinger Sieben, Göttinger Achtzehn, Little Rock Nine, Studentenprotest Kent/Ohio, Greenpeace, OPEC). Diese Verbindung kommt von innen aus den Menschen. Manche treffen zusammen, weil sie rein äußerlich den gleichen *Weg* haben (Zugfahrt über Eschede nach Hamburg, Kitzsteinhornbahn für Skifahrer, Urlaubsflieger aus Baschkirien nach Spanien, Staatsbesuch Polen in Smolensk).

In anderen Fällen werden Menschen *von außen* zu einer Gruppe. Sie bilden für einen anderen Menschen ein gemeinsames Ziel von Gewalt oder Diskriminierung (Hollywood Ten, Little Rock Nine, Columbine Highschool, Erfurt Schulmassaker, Utøya-Amoklauf, NSU-Morde).

Bei manchen Gruppen kommen unterschiedliche Gesichtspunkte gleichzeitig vor, wie etwa bei den Little Rock Nine, die getragen waren von dem gemeinsamen Wunsch auf die Schule zu gehen und gleichzeitig von außen als unerwünschte Gruppe daran gehindert werden sollten.

Eine mir unter die Haut gehende Kombination war der Absturz des baschkirischen Flugzeugs bei Überlingen. Die wegen ihrer besonderen Leistungen ausgewählten Schulkinder waren eine positive Zusammenstellung der *Gruppe von außen*. Dazu kamen mehr oder weniger zufällig die Besatzungsmitglieder der betroffenen Flugzeuge und erwachsene Begleitpersonen. Aber erst nachdem einer der Hinterbliebenen der toten Schulkinder den Fluglotsen als seiner Meinung nach Schuldigen erstochen hatte, war die Gruppe im Sinne eines passenden gemeinsamen Geburtstags komplett. Das Ereignis zieht sich in unserem linearen Zeiterleben dadurch in die Länge. Der Absturz der Flugzeuge ist zwar ein Tagesereignis, der viel spätere Tod des Fluglotsen aber so etwas wie ein in die Zukunft geworfener zeitlicher Schatten, der für den Gesamtzusammenhang aller Opfer schon am Tag des Unglücks seinen Anfang genommen hatte.

Die Zeitabläufe sind offenbar für uns Menschen nicht immer so nachvollziehbar, wie wir es uns wünschten, um die Zusammenhänge zu verstehen. Das gilt auch für die Opfer der NSU-Morde, die an unterschiedlichen Orten und zu unterschiedlichen Zeiten ermordet wurden und dennoch in der Zusammenschau etwas Gemeinsames offenbaren, weil andere Menschen sie mit ihrer Diskriminierung zu einer Opfergruppe gemacht hatten.

Drücken sich schicksalhafte Wirkungen also in der Sprache der Zeit aus? Es scheint zumindest so. Die thematische Beziehung einer Gruppe zu einem Ereignis oder einer Person konnte man an einem gemeinsamen Geburtstag sehen oder einem gemeinsamen Todestag, zuweilen an beiden Tagen.

Es gab auch Beziehungen zu künftigen Ereignissen, wie etwa die Göttinger Achtzehn zur Stilllegung des Atombombentestgebietes in Russland, die getöteten Studenten aus Kent/Ohio zum Datum des Massakers auf dem Platz des Himmlischen Friedens. Häufiger zeigten unsere Beispiele jedoch Beziehungen zu vergangenen Ereignissen.

Bei Namenspatronen wie im Fall des Amoklaufs an der Gutenberg-Schule in Erfurt oder den Schiffsuntergängen der Goya und der Wilhelm Gustloff werden astrologische Aspekte mit Verstorbenen sichtbar. Überraschend ist dabei nicht nur, dass der Verstorbene weder Opfer noch Täter ist, sondern dass er selbst keinen Einfluss darauf haben konnte, dass eine Schule oder ein Schiff nach ihm benannt worden ist.

Man mag einwenden, dass die Zusammenhänge zwischen den errechneten Durchschnittsgeburtstagen der Opfer und den Ereignissen willkürlich hergestellt werden können: Man müsse nur lange genug suchen. Das kann man natürlich gerne ausprobieren, indem man ein Datum nimmt und dann versucht, zu einem vorgegebenen Thema ein passendes historisches Datum zu finden. Mit Sicherheit funktioniert das nicht in den Fällen, wo Menschen an ihrem eigenen Gemeinschaftsgeburtstag von einem Ereignis betroffen sind (Beispiele Überlingen, Ramstein, Papstwahl Franziskus, Greenpeace). Diesen Tag kann man eben nicht an anderen Tagen finden, wenn man nur lange genug sucht.

Hierarchien in Raum und Zeit – warum hier und jetzt?

Warum ereilt die durch den Sonnenstand, ein »solares Band«, verknüpften Menschen das schicksalhafte Ereignis an einem ganz bestimmten Tag, in einem ganz bestimmten Jahr?

Wir haben im Fall von Überlingen und Ramstein u. a. gesehen, dass der Ereignistag auf den Gruppengeburtstag gefallen ist und insofern ist dieser Ereignistag mit den Menschen verbunden. Aber warum in diesem und nicht in einem anderen Jahr am Geburtstag?

Unsere Beipiele nehmen Bezug auf einen Tag im Kalenderjahr, also die Sonne. Der Jahreslauf ist neben dem des Mondes (»Monat«) der für uns am deutlichsten sichtbare zeitliche Rhythmus. Es gibt natürlich auch die Rhythmen anderer Himmelskörper, die länger oder kürzer als der Sonnenrhythmus sind. Am Beispiel des Amoklaufs in Utøya und des Schulmassakers in Erfurt haben wir gesehen, dass mehrere Planeten ihre Wiederkehr an derselben Stelle im Tierkreis hatten, dass also der Anschlag gleichzeitig dem Rhythmus unterschiedlicher Zyklen entsprochen hat. In Utøya waren es die Rhythmen von Sonne, Venus, Jupiter und Uranus verglichen mit dem Unabhängigkeitsdatum Norwegens. Sonne, Merkur, Neptun und Pluto hatten am Todestag von Gutenberg den gleichen Stand wie am »gemeinsamen« Geburtstag der Toten an der Gutenbergschule in Erfurt.

Nicht jedes Jahr, in dem die Sonne an einen bestimmten Punkt im Tierkreis zurückkehrt, eignet sich offenbar für kollektive Ereignisse. Der Jahresrhythmus ist vernetzt mit anderen Rhythmen oder

Zusammenhängen, die wir vermutlich nur zum Teil erkennen. Die unterschiedlich langsamen Rhythmen bilden eine Hierarchie der Zeit. Je länger sie dauern, desto bedeutender ist die Wiederkehr eines Planeten zu seinem Ausgangspunkt oder einem anderen für den Rhythmus markanten Punkt.

Das im Materiellen ablaufende Leben des Menschen orientiert sich in Zeit und Raum und ist stark im Gegenständlichen wirksam. Die Menschen entwickeln ihre Kultur. Wir sehen, wie Ideen Gestalt annehmen. Erfindungen beginnen im Geist und formen sich zu einer vorstellbaren Konstruktion. Ein erster Prototyp z. B. einer Eisenbahn entsteht und irgendwann hält die ehemals abstrakte Idee konkreten Einzug in die Alltagswelt. Jeder kann danach mit der Eisenbahn fahren. Von dem Augenblick, in dem eine Idee formuliert wird, bis zur Herstellung eines konkreten Werkes, welches aus dieser Idee seine wesenhafte Gestaltung bezieht, durchlaufen wir verschiedene Ebenen. Dies ist die *senkrechte Achse*, vom Abstrakten zum Konkreten, von der luftigen Idee zur irdischen Verdichtung.

In unseren Beispielen hatten wir Bezüge zwischen den Gemeinschaftsgeburtstagen und historischen Daten, die einen solchen Weg von oben nach unten beschreiben. Beim Eisenbahnunglück in Eschede war

Ereignis	Datum
Es kamen 101 Menschen ums Leben. Rechnet man die Geburtstage zusammen und teilt sie durch 101, gibt es einen Durchschnittsgeburtstag, den	6.12.1954
Die erste Deutsche Eisenbahn fuhr auf der Linie Nürnberg-Fürth am	7.12.1835
Der Namenspatron des Unglückszuges, Wilhelm Conrad Röntgen, erhielt den allerersten Physik-Nobelpreis am	10.12.1901
Der Konstrukteur der ersten (englischen) Dampfeisenbahn, Stephenson, wurde geboren am	8.6.1781
Der Jahrestag der ICE-Jungfernfahrt war am	2.6.1991
Der Unglückstag von Eschede war am	3.6.1998

dies der Tag, als die erste deutsche Eisenbahn gefahren ist. Es gab aber auch Bezüge zu den konkreter werdenden Phasen, dem Prototyp des ICE und schließlich zu dem Zug, der als Erster die Strecke München über Eschede nach Hamburg gefahren ist.

Es handelt sich um ein Netzwerk von Beziehungen! Schon der Sonnenstand der Beteiligten im weitesten Sinne bringt Auffälliges zum Vorschein. Die Kalenderdaten konzentrieren sich auf die Achse

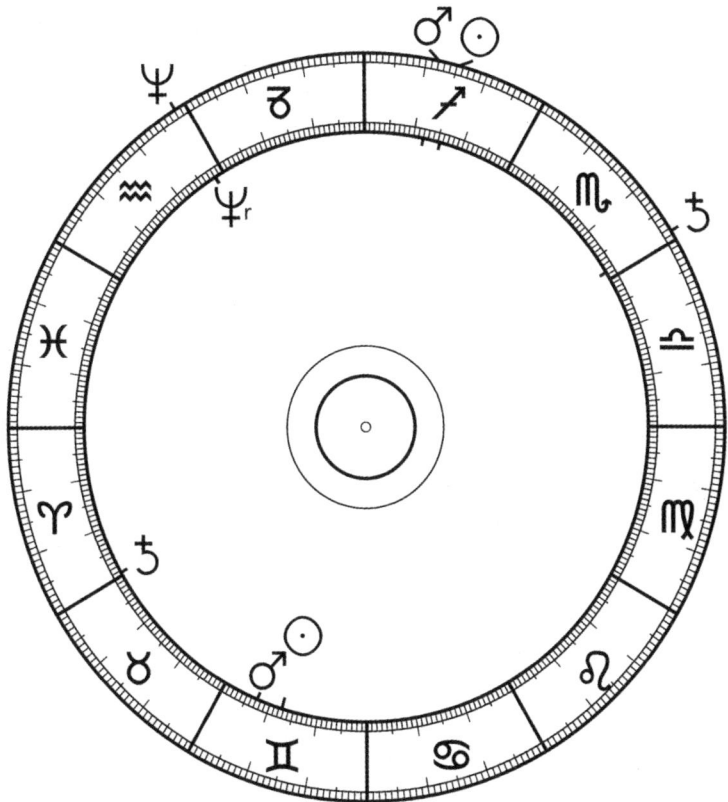

Abb. 41: Innen: erste deutsche Eisenbahn 7.12.1835 Nürnberg 8:30 LMT. Außen: Zugunglück 3.6.1998 Eschede 10:59 MET/S. Zusammen bilden sie drei Oppositionen: Sonne-Sonne, Mars-Mars, Saturn-Saturn und eine Konjunktion Neptun-Neptun.

6.12. und 2.6., die Tage, welche sich im Tierkreis gegenüberliegen. Die Sonnenstände stehen damit jeweils in den Zeichen Zwillinge und Schütze, die für Astrologen mit dem Nah- und Fernverkehr verknüpft sind.

Wir sehen damit zwei Hierarchien. Eine zeitliche Ordnung vom Langsamen zum Schnellen und vom Abstrakten zum Konkreten. Eine Idee inkarniert sich in den Werken der Menschen.

So wie wir als Senkrechte eine Hierarchie in Raum und Zeit haben, gibt es auch eine Ordnung in der Breite. Die Waagrechte liegt in den Querverbindungen auf der gleichen Ebene. Ein Land, ein Teil der Bevölkerung, ein die Kultur prägender Mensch, der als Namenspatron für die Zukunft gegenwärtig bleibt; der einzelne Mensch und von ihm gemachte Gegenstände.

Warum geschieht das Verbindende an einem ganz bestimmten Ort und nicht nur zu einem bestimmten Zeitpunkt irgendwo an einer beliebigen Stelle?

Wir haben gesehen, dass der Name eines Menschen mit einer Gruppe anderer Menschen in Zusammenhang gebracht werden konnte, wie z.B. bei den Flüchtlingsschiffen Goya und Wilhelm Gustloff, aber auch bei der Gutenberg-Schule in Erfurt. In Erfurt haben wir allerdings nicht die einzige Schule Deutschlands, die nach Gutenberg benannt worden ist. Und doch hat sich der zeitliche Zusammenhang zwischen dem Namenspatron und den getöteten Menschen genau an einem solchen Ort mit dem Namen Gutenberg konkretisiert.

Mir ist es verborgen, welche Bedeutung die räumlichen Beziehungen in all den anderen Fällen haben. Bemerkenswert ist es allemal.

Der Sinn der Schicksalsverbindung

Bei den verunglückten Passagieren des ICE Wilhelm-Conrad-Röntgen des Eisenbahnunglücks von Eschede kommen unpersönlich anmutende Verbindungen zustande. Der Bezug zum deutschen Eisenbahnhoroskop ist ein Hinweis auf ein technisches Ereignis der Geschichte. Die kalendarische oder astrologische Verknüpfung von Menschen mit einem Teil der Geschichte oder einem Land ist einfach da, ob die Akteure des Geschehens es nun wollen oder nicht, ob sie es sehen oder nicht, ob sie aktiv oder passiv am Geschehen teilnehmen. Warum aber haben gerade diese Personen genau diese Verbindung? Was mag der Sinn sein?

Am markantesten ist die Sonnenstellung, wie wir gesehen haben. Die Sonne bildet das Zentrum unseres Universums. Für Astrologen gilt der Stand der Sonne am Tag der Geburt im Zusammenspiel mit anderen zeitlichen Faktoren als wichtigster Faktor. Die Stellung der Sonne in diesem Gesamtgefüge kennzeichnet den Wesenskern des an diesem Tag zu dieser Stunde geborenen Menschen und prägt seine Identität und Individualität (Einzigartigkeit und Unteilbarkeit). Gleichzeitig zeigt sie an, was ein Mensch aus seiner Individualität heraus entwickeln sollte. Die Geburt eines Menschen in die hiesige körperliche Welt hinein war gleichzeitig der Abschied aus der vorherigen unkörperlichen Welt und von dort aus gesehen ein Tod in der dortigen geistigen Welt.

Übertragen wir nun diese Betrachtung der Sonne als Ausdruck einer zu entwickelnden Individualität auf eine Gruppe von Menschen, die alle durch den selben Kalendertag schicksalhaft verbunden worden sind. In den vorgestellten Fällen sind es ganz häufig Unglücksfälle, die das körperliche Leben der Betroffenen beenden und sie zu einem gemeinsamen »Geburtstag« verbinden, der nun in einer jenseitigen Welt geschieht. Insofern ist der gemeinsame Tod gleichzeitig der gemeinschaftliche Geburtstag auf der anderen Seite. Setzen wir den Gedanken fort, dass die Sonne die Entwicklung einer Individualität prägt, können wir uns da nicht fragen, ob das auf eine Gruppe ebenso zutrifft? Es klingt schon paradox, einer Gruppe eine Individualität zuzugestehen, denn die Gruppe ist ja der Zusammenschluss mehrerer einzelner Mitglieder, also teilbar. Aber eine gemeinsame Identität lässt sich vorstellen, wenn sich die Mitglieder einer Gruppe mit demselben Ziel identifizieren: Alle für einen, einer für alle! Die gemeinsame Motivation für eine gemeinsame Sache ist ein geistiges Band. Wenn nun der Sonnenstand in einem Kalenderdatum ausdrückt, wie mehrere Menschen von der körperlichen in die geistige Welt übergehen, könnte dies ein solches geistiges Band andeuten. Es verknüpft diese Menschen vielleicht miteinander für künftige Aufgaben bei einer gemeinsamen neuen Inkarnation. Insofern würde ich diese vom Sonnenstand angezeigten schicksalhaften Verknüpfungen als solare Verknüpfung bezeichnen.

Die Erkenntnis einer solaren Verbindung verschiedener Lebensläufe sagt noch nichts darüber, zu welchem Ziel sie ihre künftigen Kräfte bündeln. Wir konnten am Beispiel der Göttinger Professoren, die sich nicht erst im Tod verbunden haben, durchaus ihr gemeinsames Ziel, den Kampf gegen die Atomwaffen, sehen. Unsere Kalendergeschichten erzählen überwiegend von Menschen, die gemeinsam ihr Leben verloren haben und ihre Gemeinsamkeit in den Geburtsdaten offenbaren, die zusammengenommen auf ein Thema verweisen, das im Sonnenkalender an derselben Stelle verankert ist. Können wir daraus schließen, dass sie genau zu diesem Thema ihre künftigen Inkarnationen gemeinsam erleben werden?

Rudolf Steiner wurde einmal gefragt, ob es denn »im Karma eines jeden Einzelnen liegen könne, wenn bei einem Theaterbrande fünfhundert Menschen zusammen zugrunde gehen«. Seine ausführliche Antwort ist im Anhang wiedergegeben. Er skizziert aber drei Erklärungsmöglichkeiten, um dann hinzuzufügen, dass es *unzählige weitere Möglichkeiten* gäbe, die außerhalb unseres Horizonts liegen und uns deswegen als Zufall erscheinen müssen. Die drei Erklärungen, die er voranstellt, sind vielleicht die, die wir nach seiner Einschätzung mit unseren Erkenntnismöglichkeiten erfassen können.

Erstens: Es gibt *keinen* Zusammenhang der Einzelschicksale. Das zu gleicher Zeit am gleichen Ort Erlebte hat für jeden eine eigene Bedeutung.

Zweitens: Das gemeinsam Erlebte hat nichts mit einer gemeinsamen karmischen Vergangenheit zu tun, sondern kann eine Zusammenführung der Menschen für eine *nächste Inkarnation* sein, in der sie etwas Gemeinsames zu tun haben.

Drittens: Der gemeinsame Tod kann wirklich Folge einer gemeinsamen *Schuld in der Vergangenheit* sein. (Wer denkt da nicht an die biblische Geschichte von der Zerstörung von Sodom und Gomorrha, 1. Moses 18.)

Gerade wenn Unglücksfälle viele Opfer fordern, insbesondere Kinder, fällt es schwer, darin einen Sinn zu sehen. Die Hinterbliebenen trauern um ihre unschuldigen Kinder. Der Vorstellung, dass in so viel Tod und Zerstörung etwas Vernünftiges verborgen sein soll, stellt sich die Trauer entgegen. Und doch mag man sich erinnern an die Worte des Mephisto in Goethes Faust: »Ich bin ein Teil von jener Kraft, die stets das Böse will und doch das Gute schafft.« Mephisto sieht sich nur als Teil eines Ganzen. Er vergleicht sich sogar mit dem dunklen Raum, aus dem er das Licht gebar, welches nun seine eigene Mutter überflügeln möchte. Erst beides zusammen ist ein Ganzes.

Wir nehmen das Polare in unserer Welt oft nicht wahr. Wo viel Licht ist, ist viel Schatten, sagt der Volksmund und es bestätigt sich auch umgekehrt. Licht kommt in der Dunkelheit wesentlich stärker zur Geltung. Ein Guter fällt unter Bösen mehr auf, als unter lauter Heiligen. Vielleicht sehen wir große Unglücksfälle durch solche Gedanken einfach als Rätsel des Schicksals, welches Leben und Tod immer einschließt. Und warum sollen Menschen, die zusammen leben, nicht auch gemeinsam sterben?

Das Beispiel von Mephisto ist ein Bild dafür, dass es nicht nur »das Gute«, sondern auch »das Böse« gibt. Menschen werden daran gehindert, ihrer Bestimmung folgend ihr Schicksal zu entwickeln. Dieses »Böse« sehen viele in einer heute außer Kontrolle geratenen allmächtigen Technik oder einem übersteigerten Allmachtsstreben, welches einzelne Menschen ergriffen hat.

Es fühlt sich so an, als würden die Opfer solcher bösen Wirkungen dadurch um ihr Leben betrogen, in dem sie manche Mühe zur Weiterentwicklung auf sich zu laden bereit waren. Dann enden sie vorzeitig und ebenso ihre unverbrauchten Lebenskräfte zusammen mit anderen Menschen.

Die Vorstellung, der Mensch verantworte seinen Lebenslauf ganz alleine, habe ich angesichts dieser Fälle und Überlegungen über Bord geworfen. Es ist aber nicht nur das Böse, was dem vom Einzelnen gelebten Schicksal dazwischen funken kann. Er hat ja auch noch seine mitmenschlichen Weggefährten um sich herum. Auch unsere alltägliche Gesellschaftsstruktur spiegelt diese Vernetzung der Menschen wider, wie man am Beispiel der Politik gut sehen kann:

Es geht um Macht und ihre Verteilung. Bei der Besetzung einzelner Ämter reicht es manchmal, aus einer bestimmten Region zu kommen, einer bestimmten Richtung innerhalb einer Partei anzugehören oder ein bestimmtes Geschlecht zu haben, um zum Zuge zu kommen. Denn um des politischen Friedens willen soll das zu besetzende Gremium halbwegs ein Spiegelbild derer sein, die ihnen die Macht gegeben haben. In der deutschen Bundesregierung müssen daher Männer und Frauen, katholische und evangelische Christen, jemand mit Migrationshintergrund, Ost- und Westdeutsche usw. vertreten sein. Der Einzelne hat gar keinen Einfluss darauf, ob er in der Gesamtrechnung noch benötigt wird oder schon überzählig ist. Ein aktuelles Beispiel ist auch die Diskussion, ob man in den Führungsgremien großer Unternehmen so lange nur noch Frauen einstellen darf, bis deren Anteil einen bestimmten Prozentsatz erreicht hat, bevor wieder ein Mann eingestellt werden kann. Der einzelne Mensch kann sich anstrengen und fachliche Qualifikationen vorweisen, so viel er will, es nützt nur etwas, wenn dieser Mensch in die Gesamtrechnung passt. So wenig wie er auf seine Geschlechtszugehörigkeit Einfluss hat, hat er dies auf die Vorgabe einer Geschlechtsquote für ein nach Geschlecht zu besetzendes Gremium. Daran sehen wir, wie Gesichtspunkte, die das Ganze bestimmen sollen, vom Einzelnen verlangen, dass er zurücksteht. In früheren Jahrhunderten war das Sich-Einfügen in ein Ganzes eben das allgemeine Los der Menschen. Mit der zunehmenden Individualisierung und Eigenverantwortung fällt es den Menschen schwer, sich wieder nur als Teil der Menschheit oder ihrer Gesellschaft zu begreifen. Manchmal rücken schicksalhafte Ereignisse – wie in dieser Sammlung vorgestellt – dies dann schmerzhaft in das Bewusstsein des Einzelnen. Sind diese Unglücksfälle ein Appell an die Überlebenden, ihr eigenes Leben nicht so wichtig zu nehmen?

Gemeinsam leben – gemeinsam sterben

Die in diesem Buch vorgestellte Sammlung der Schicksalsgefährten mutet vielleicht etwas düster an, sind die meisten doch durch den gemeinsamen Tod verbunden und seltener durch eine gemeinsame Aktivität für das Weiterleben. Die Unglücksfälle waren leichter zu entdecken. Lag es daran, dass unsere Medien auf schlechte Nachrichten und Sensationen aus sind und die guten Nachrichten deswegen auf der Strecke bleiben? Vielleicht gibt es auch andere Gründe.

Bei einem todbringenden Ereignis ist in aller Regel klar, wer zu der Schicksalsgruppe gehört und wer nicht. Es gibt natürlich auch Ausnahmen, wie im Fall des nachträglich ermordeten Fluglotsen nach dem Flugzeugabsturz in Überlingen. Der gemeinsame Tod hat etwas von einem gemeinsamen Opfergang an sich, dessen sich die Menschen allerdings nicht bewusst sind.

Die Lebenden wachsen erst zu einer Gruppe zusammen und werden nicht wie die gemeinsam Sterbenden durch den Tod in einem Augenblick schicksalhaft verbunden. Menschen, die sich durch ihr Lebenswerk zusammenschließen, zeigen häufig eine weitere Besonderheit. Betrachten wir einmal Musikgruppen, die großen Einfluss auf die Gesellschaft genommen haben, wie zum Beispiel die Beatles, die Rolling Stones oder andere renommierte Bands. Bei fast allen gab es über die Jahre Veränderungen in der Zusammensetzung der Gruppe. Diess lässt es nicht zu, die hier vorgestellte Methode eines Gemeinschaftsgeburtstags anzuwenden. Denn wenn die Beteiligten sich fortlaufend ändern, wer soll in die Rechnung einbezogen werden? Eine Auswertung dieser interessanten Gruppen hat sich meinen Mitteln daher entzogen. Selbst wenn die Gruppe konstant war (z.B. Abba), gab es für mich an dem Durchschnittsgeburtstag oft nichts zu sehen. Vielleicht, weil der Tag, an den anzuknüpfen wäre, noch vor ihnen liegt. Die Gruppe ist nicht der Ausläufer früherer Ereignisse, sondern selbst die Quelle neuer Bewegungen. Bei den Göttinger Achtzehn konnte man erkennen, wie Ereignisse atomarer Abrüstung mit ihren gemeinsamen Lebensdaten zusammenhingen. Es waren Ereignisse der Zukunft, nachdem sie ihr Manifest unterschrieben hatten. Deren Zukunft ist bereits unsere Vergangenheit geworden, die wir betrachten können.

Die Auswahl der Fälle entspringt also nicht meinem Wunsch, vermehrt Ereignisse mit vielen Opfern auszubreiten, anstatt Beispiele darzustellen, in denen Menschen ein positives Schicksal miteinander teilen, indem sie gemeinsam etwas tun.

Ganzheitlichkeit im Bewusstsein und im Handeln

Aus der Quantenphysik kennen wir das merkwürdige Phänomen, dass die Beobachtung eines Geschehens vom Geschehen selbst nicht zu trennen ist. Auch im normalen Alltag gibt es die Erkenntnis, dass das Bewusstsein, beobachtet zu werden, das Verhalten von Menschen beeinflusst. Man denke nur an Künstler, die vor Publikum auftreten und unter Lampenfieber leiden. Wenn sie dagegen im stillen Kämmerlein proben, sind sie völlig gelassen.

Können wir für die Astrologie etwas davon ableiten? Wirken sich unsere astrologischen Forschungen über die Wirkungsweise der Astrologie auf deren Gesetzmäßigkeiten selbst auch aus? Ist das ein zu verwegener Gedanke? Ich kann dazu nur meine eigene Erfahrung beisteuern. Mein Kollege Gerhard Lukert hatte vor einigen Jahren eine Auszeichnung erhalten für das Aufspüren von planetarischen Zyklen in historischen Ereignissen, z. B. bei der Amtszeit der englischen Premierminister und vielen anderen solchen geschichtlichen Zeitphasen. Er lud mich ein, mit ihm ein Projekt für Wahlprognosen durchzuführen und wir schrieben zum Abschluss unserer Forschungen ein Buch: *Wahlprognose mit Astrologie*. Darin sagten wir gegen den Umfragetrend im Frühjahr 2005 die Wiederwahl von Gerhard Schröder als Bundeskanzler voraus. Die Wahlen im Herbst gaben uns dann recht. Aber von da an hatten wir erhebliche Fehldeutungen für kommende Wahlen und wiederkehrende Ereignisse zu verzeichnen. Hatte unsere zuvor veröffentlichte Erkenntnis etwas im Kosmos irritiert, hat das Erkennen das Erkannte beeinflusst?

Jahre später las ich das Buch *Die Entdeckung des Himmels* von Harry Mulisch. Es handelt sich um eine dem Goethe'schen Faust ähnliche Erzählung, in der vom Himmel herab beobachtet wird, wie ein hochbegabter Wissenschaftler, ein Astronom, seine Wahrnehmungsmöglichkeiten bis an den Rand des Universums vorzuschieben beginnt. Durch einen Meteoriten kommt er zu Tode, bevor sein Werk abgeschlossen ist. Und oben im Himmel (Drittes Intermezzo des erwähnten Buches) freuen sich die Drahtzieher der menschlichen Schicksale, dass sie verhindern konnten, dass die Menschheit ihren *Glauben* an das Göttliche durch diesen Wissenschaftler austauscht gegen das *Wissen* vom Göttlichen. Denn mit dem *Ausrechnen des Göttlichen* erlösche das Göttliche selbst. Ist es mit der Astrologie auch so?

Wer mich bis hierher mit meinen Überlegungen begleitet hat, kommt jetzt zum Eingangskapitel dieses Buches zurück. Meines Erachtens hat sich jetzt mehr ergeben, als dass alles mit allem irgendwie zusammenhängt. *Wie* es zusammenhängt war ja die Anschlussfrage.

Mir persönlich erscheint es mindestens in zweierlei Hinsicht ein bisschen klarer geworden zu sein. Sobald man sich der Zusammenhänge seines Lebens mit dem Leben anderer bewusst wird, nimmt man bereits teil am Leben der anderen. Damit hat man auch die Möglichkeit *in diesem Zusammenwirken* zu handeln und den Zusammenhang nicht nur zu erleben, passiv hinzunehmen. Ganzheitlichkeit im Bewusstsein und im Handeln ist das gesuchte »Wie« der Ganzheitlichkeit.

Lange hab ich gezweifelt an den oft zitierten Sätzen von Thomas von Aquin und anderen Weisen, die den Menschen als frei und eigenverantwortlich betrachten, sobald er ohne Rücksicht auf seine Leidenschaften handelt. Wer ist schon frei von emotional geprägten Handlungsweisen, die aus Antipathie, Neid, Unlust usw. folgen? Man denke an die sieben sogenannten Todsünden, die einem eine wirkliche Unabhängigkeit im Handeln nehmen. Aber selbst wenn man so heilig wäre und über diese menschlichen Schwächen gesiegt hätte, so sieht man doch die Notwendigkeiten und Zwänge des Zusammenlebens mit anderen Menschen.

Steht diese Einbindung in die Umwelt dem Prinzip der Eigenverantwortung im Weg? Wenn man sein Schicksal vorher bereits durch seine bisherigen Handlungen geprägt hat, kann man dann noch sagen, *nur* die anderen oder *nur* die widrigen Umstände sind verantwortlich? Ist man nicht jetzt gerade dort, wo man durch seine früheren eigenen Handlungen hingehört, sich selbst hingestellt hat? Wenn man das im Außen Erlebte *alles* als Teil seiner selbst ansehen müsste, wäre das eine sehr schmerzhafte Erkenntnis. Die eigene Verantwortung reicht nach meiner Überzeugung durchaus weiter, als man es selbst immer wahrhaben möchte. Aber es gibt dennoch auch Fälle, in denen man als „karmischer Kollateralschaden" unter die Räder kommt, weil man einfach zur falschen Zeit am falschen Ort ist oder aus höheren Gesichtspunkten als Opfer benötigt wird wie der Fluglotse bei der Flugkatastrophe am Bodensee.

Aber letztlich, liebe Leser, müssen Sie eine eigene Antwort darauf finden, wo Ihre persönliche Schicksalsverantwortung beginnt und wo sie endet.

Danksagung

Das kleine Buch war eine schwierige Geburt, der eine mehrjährige Schwangerschaft vorausgegangen ist. Denn einige der hier vorgestellten Schicksalsgefährten und die Frage, welches rätselhafte Band sie verbinden mag, haben mich schon seit sehr vielen Jahren beschäftigt, bis sie endlich in der vorliegenden Form Gestalt angenommen haben.

Man sagt »Der Erfolg hat viele Väter«, aber ich teile ihn in erster Linie mit vielen Frauen, die an der Entstehung auf verschiedenste Weise beteiligt waren. Meine Frau Rita hat mich immer wieder ermutigt, »dranzubleiben, ohne zu drängen« und so manche Wegweisung gegeben, wenn ich den Wald vor lauter Bäumen nicht mehr sah. Sie schlug mir auch die Untersuchung des Barenboim-Orchesters für dieses Buch vor. Schließlich ertrug sie es, dass ich für die Arbeit an diesem Buch oft »abgetaucht« bin. Für all das danke ich ihr von Herzen.

Dank schulde ich auch den Astrologinnen, mit denen ich mich in Heidelberg, Mannheim und Speyer regelmäßig fachlich austauschen konnte. Stellvertretend nenne ich die Leiterinnen dieser Gemeinschaften, Ute Flörchinger, Esther Potter und Helga Sobek, die diese Foren erfreulicherweise schon viele Jahre am Leben halten. Karin Schmitt hat den Anstoß für die Wahl des Titels gegeben und mir mit geistesverwandter Literatur und anderen wertvollen Anregungen die Augen für bisher nicht Gesehenes geöffnet. Auch ihr gilt daher mein besonderer Dank. Desgleichen Reinhardt Stiehle, der sich für das Buch begeistern ließ und selbst diverse Beispiele zu untersuchen angeregt hat, von denen zwei Eingang in das Buch gefunden haben (Greenpeace und OPEC).

Gedenken mögen die Leser mit mir schließlich der hier als Schicksalsgefährten erwähnten Menschen, die wir posthum ein Stück ihres Weges begleitet haben. Ihre jeweilige Geschichte hat uns erlaubt, dem Verständnis für unsere verborgenen Schicksalsmächte näherzukommen. Diese Möglichkeit empfinde ich als ein großes Geschenk.

Dr. Bernhard Firgau

Anhang

Berechnung der Multicombine

Die Beispiele dieses Buches verwenden »Multicombine«. Ein Multicombin ist das Kalenderdatum, welches sich als Durchschnittswert (arithmetisches Mittel) aus mehreren Kalenderdaten, z.B. Geburts- oder Todestagen, errechnet. Der Anschaulichkeit halber soll ein Beispiel gezeigt werden, damit die so gewonnenen Daten auch nachvollzogen werden können.

Wie rechnet man den Durchschnitt aus? Man kann die Geburtstage einfach in eine Tabellenkalkulation im Datumsformat untereinander eintragen und anschließend die Summe bilden. Diese ist dann zu teilen durch die Zahl der Geburtstage in dieser Liste. Siehe die Formel oben in der Grafik! Man erhält dann ein Datum, welches dem Durchschnittsgeburtstag der Beteiligten entspricht. Es kann sein, dass das Programm nur mit Geburtsdaten ab 1.1.1900 rechnen kann. Sind Daten vor 1900 enthalten, kann man ein entsprechendes Astrologieprogramm einsetzen, welches Multicombine berechnet. Ersatzweise sieht man bei jedem Geburtsdatum nach dem »julianischen Tag«. In den gängigen Ephemeriden (Planetenstandsverzeichnissen) ist er enthalten. Astrologieprogramme, die keine Multicombine berechnen, geben diesen unter »Details« oder entsprechender Stelle meistens auch an.

Dann ist der Rechenweg der gleiche. Man addiert alle julianischen Tage, die zu den Geburtstagen gehören und teilt sie durch die Zahl der Geburtstage. Der errechnete julianische Tag ist anhand der Ephemeride oder durch Ausprobieren im Astrologieprogramm zurückzuverwandeln in unsere gängige Form. Ein Datum ist in Tag, Monat und Jahr anzugeben.

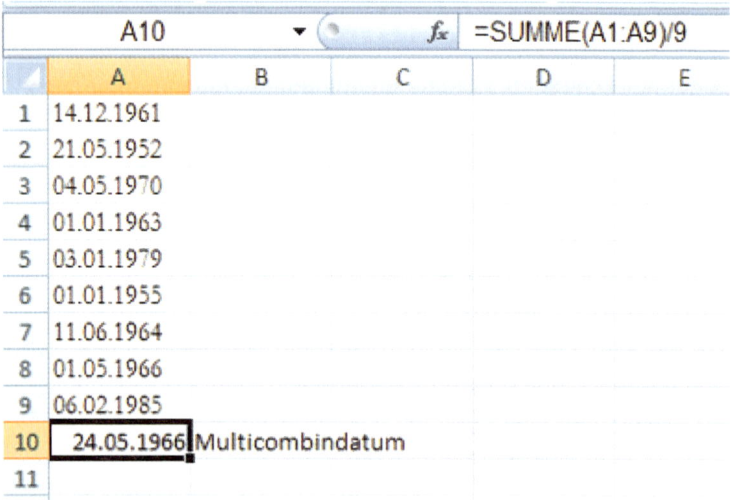

	A	B	C	D	E
1	14.12.1961				
2	21.05.1952				
3	04.05.1970				
4	01.01.1963				
5	03.01.1979				
6	01.01.1955				
7	11.06.1964				
8	01.05.1966				
9	06.02.1985				
10	24.05.1966	Multicombindatum			
11					

A10   ▼   fx   =SUMME(A1:A9)/9

Abb. 42: Multicombnine mit Tabellenkalkulation. Bei den NSU-Morden hatten wir diese neun Geburtsdaten.

14.12.1961	2437647
21.05.1952	2434153
04.05.1970	2440710
01.01.1963	2438030
03.01.1979	2443876
01.01.1955	2435108
11.06.1964	2438557
01.05.1966	2439246
06.02.1985	2446102
	2439269 Durchschnitt julianisch
24.05.1966	< rückgerechnetes Datum

Die julianischen Tage sind eine fortlaufende Zählung der Tage ab einem bestimmten Datum. Es ist also nicht ein allgemeingültiger Stichtag ab Einführung des von Caesar geschaffenen julianischen Kalenders, sondern eine Rechenhilfe für Tagesdifferenzen über Jahre hinweg. Bei den American Ephemeris of 20th Century beginnen sie mit 1 am 1.1.

1900. Andere Ephemeriden beginnen die Zählung möglicherweise an einem anderen Tag, mit dem das Tabellenwerk anfängt. Verwenden Sie also nicht julianische Tage aus verschiedenen Verzeichnissen innerhalb einer Rechnung!

Die im obigen Beispiel genommenen julianischen Tage sind dem Programm Sarastro entnommen, dessen Stichtag weit vor Christi Geburt angesetzt worden ist.

Rudolf Steiner - Die Gesetze des Karma

Frage: In einer Zuschrift aus dem Leserkreise ist folgende Frage enthalten: »Läßt denn die anthroposophische Lehre gar keinen Zufall gelten? Ich kann mir zum Beispiel nicht denken, daß es im Karma jedes einzelnen liegen kann, wenn bei einem Theaterbrande fünfhundert Menschen zusammen zugrunde gehen.«

Antwort: Die Gesetze des Karma sind so verwickelt, daß es niemanden wundern sollte, wenn irgendeine Tatsache zunächst dem menschlichen Verstande in Widerspruch mit der allgemeinen Gültigkeit dieses Gesetzes zu sein scheint. Man muß sich eben durchaus klar machen, daß dieser Verstand zunächst an unserer physischen Welt geschult ist, und daß er im Allgemeinen nur gewöhnt ist, das zuzugeben, was er in dieser Welt gelernt hat. Nun gehören aber die karmischen Gesetze durchaus höheren Welten an – in Deutschland ist es üblich, »höheren Ebenen« zu sagen. – Will man daher irgendein Vorkommnis, das den Menschen trifft, karmisch so bewirkt denken, wie man sich etwa das Walten einer Gerechtigkeit rein im irdisch-physischen Leben denkt, so muß man notwendig auf Widerspruch über Widerspruch stoßen. Man muß sich klar machen, daß ein gemeinsames Erlebnis, das mehrere Menschen in der physischen Welt trifft, für jeden einzelnen von ihnen in den höheren Welten etwas durchaus Verschiedenes bedeuten kann. Natürlich ist auch das Umgekehrte nicht ausgeschlossen, das sich gemeinsame karmische Verkettungen in gemeinsamen irdischen Erlebnissen zur Wirkung bringen. Nur wer in höheren Welten klar zu sehen vermag, kann im einzelnen sagen, was vorliegt. Wenn sich die karmischen Verkettungen von fünfhundert Menschen so ausleben, daß diese

Menschen bei einem Theaterbrande zugrunde gehen, dann sind unter anderem folgende Fälle möglich:

Erstens: Es brauchen die karmischen Verkettungen keines einzigen der fünfhundert Menschen mit denen eines anderen der Verunglückten etwas zu tun zu haben. Das gemeinsame Unglück verhält sich dann zu den Karmen der einzelnen Personen, wie sich etwa das Schattenbild von fünfzig Personen auf einer Wand zu den Gedanken- und Empfindungswelten dieser Personen verhält. Vor einer Stunde hatten vielleicht diese fünfzig Personen nichts Gemeinsames; in einer Stunde werden sie vielleicht wieder nichts Gemeinsames haben. Was sie bei ihrem Zusammentreffen im gemeinsamen Raume erlebt haben, wird für jeden seine besondere Wirkung haben. Ihr Zusammensein aber drückt sich in dem genannten gemeinsamen Schattenbilde aus. Wer aber aus diesem Schattenbilde etwas schließen wollte für eine Gemeinsamkeit der Personen, würde recht fehl gehen.

Zweitens: Es ist möglich, daß das gemeinsame Erlebnis der fünfhundert Personen gar nichts mit deren karmischer Vergangenheit zu tun hat, daß sich aber gerade durch dieses gemeinsame Erlebnis etwas vorbereitet, was sie in der Zukunft karmisch zusammenführt. Vielleicht werden diese fünfhundert Personen in fernen Zeiten zusammen eine gemeinsame Unternehmung ins Werk setzen, und durch das Unglück sind sie für höhere Welten zusammengeführt worden. Dem erfahrenen Mystiker ist es durchaus bekannt, daß zum Beispiel *Vereine, die sich gegenwärtig bilden, ihren Ursprung dem Umstande verdanken, daß die Menschen, die sich zusammentun, in einer fernen Vergangenheit ein gemeinsames Unglück erlebt haben.*

Drittens: Es kann wirklich ein solcher Fall die Wirkung früherer gemeinsamer *Verschuldungen* der in Betracht kommenden Personen sein.

Dabei sind aber noch *unzählige andere Möglichkeiten* vorhanden. Es können zum Beispiel alle drei angeführten Möglichkeiten miteinander kombiniert sein usw. In der physischen Welt von »Zufall« zu sprechen, ist gewiss nicht unberechtigt. Und so unbedingt der Satz gilt: »Es gibt keinen Zufall«, wenn man alle Welten in Betracht zieht, so unberechtigt wäre es, das Wort »Zufall« auszumerzen, wenn bloß von der Verkettung der Dinge in der physischen Welt die Rede ist. Der Zufall in der physischen Welt wird nämlich dadurch herbeigeführt, daß sich in dieser Welt die Dinge im sinnlichen Raume abspielen. Diese müssen, insofern sie sich in diesem Raume abspielen, auch den Gesetzen dieses Raumes gehorchen. In diesen Räumen aber *können äußerlich Dinge zusammentreffen, die zunächst innerlich nichts miteinander zu tun haben.* So wenig mein Gesicht wirklich verzerrt ist, weil es sich in einem unebenen Spiegel verzerrt zeigt, so wenig brauchen die Ursachen, die einen Ziegelstein vom Dache fallen lassen, der mich, als gerade Vorübergehenden, beschädigt, mit meinem Karma, das aus der Vergangenheit stammt, etwas zu tun zu haben. – Der Fehler, der da gemacht wird, besteht darinnen, dass viele sich die karmischen Zusammenhänge zu einfach vorstellen. Sie setzen zum Beispiel voraus: wenn diesen Menschen ein Ziegelstein beschädigt hat, so muß er sich diese Beschädigung karmisch verdient haben. Dies ist aber durchaus nicht notwendig. *Im Leben eines jeden Menschen treten fortwährend Ereignisse auf, die mit seinem Verdienst oder seiner Schuld in der Vergangenheit durchaus nichts zu tun haben.*

Solche Ereignisse finden ihren karmischen Ausgleich eben in der Zukunft. Was heute unverschuldet zustößt, dafür werde ich in der Zukunft entschädigt. Das eine ist richtig: nichts bleibt ohne karmischen Ausgleich. Ob aber ein Erlebnis des Menschen die Wirkung seiner karmischen Vergangenheit oder die Ursache einer karmischen Zukunft ist: das muß im einzelnen erst festgestellt werden. Und das kann nicht durch den an die physische Welt gewöhnten Verstand, sondern lediglich durch die okkulte Erfahrung und Beobachtung entschieden werden.

Rudolf Steiner, Lucifer-Gnosis (GA34, S.361-363)

Literatur

Firgau, Bernhard. Praxisbuch Mundanastrologie, Tübingen, 2007
Mulisch, Harry. Die Entdeckung des Himmels, München, 1993
Wilder, Thornton. Die Brücke von San Luis Rey, Frankfurt/M., 1952

Quellen

Aus Gründen der Diskretion sind die Namen der Beteiligten nur wiedergegeben, wenn sie ohnehin öffentlich zugänglich sind oder waren. Sie stammen z. B. von Gedenksteinen, Traueranzeigen in der Zeitung, Fahndungsaufrufen der Polizei und im Internet veröffentlichten Listen zum Teil aus anderen Ländern.

Soweit die Namen nicht öffentlich sind, etwa in einem Gerichtsurteil abgedruckt sind, habe ich von der Wiedergabe hier abgesehen. Sie liegen mir aber vor.

Bildnachweis

aboutkazakhstan.com: S. 46
Bernhard Firgau: S. 41, S. 53, S. 57, S. 65. S. 66, S. 102
briljantemislukkingen.nl: S. 83
dapd: S. 21, S. 72
istockphoto.com: S. 17
shutterstock.com: S. 18, S. 34, S. 43, S. 81
Stadtarchiv Weinheim: S.26
Reinhardt Stiehle: S. 29
West-eastern-divan.org: S. 28
Wikipedia: S. 23 (Staszewski), S. 31 (Informationswiedergutmachung), S. 33 (Goldsztajn), S. 35, S. 36, S. 38 (Reclus), S. 40 (DCGeist), S. 42, S. 45 (victor-ny), S. 46, S. 49, S. 60 (High Contrast), S. 69, S. 74, S. 80

Die Horoskope wurden mit der Software Sarastro erstellt.

Standardwerke der Astrologie

DR. BERNHARD FIRGAU

Praxisbuch Mundanastrologie

502 Seiten, Hardcover, 65 Abbildungen
ISBN 978-3-89997-153-8

Die Mundanastrologie betrachtet politische und gesellschaftliche Ereignisse unter astrologischen Gesichtspunkten. Dies ist das bislang ausführlichste Handbuch, das zeigt, wie man Staaten, Regierungen, Parteien, Städte, Bauwerke, Firmen, Fahrzeuge und deren zukünftige Entwicklung mittels der Astrologie untersucht. Lernen Sie die unsichtbaren Codierungen menschlichen Handelns in der Welt kennen. Transite über die Horoskope politischer und technischer Ereignisse offenbaren die unauslöschlichen Spuren, die der Mensch künftigen Generationen hinterlassen hat. Zahlreiche Beispiele aus allen gesellschaftlichen Bereichen illustrieren die dargestellten Prinzipien. So können Sie mit diesem Handbuch sehr schnell einen Bezug zu Ihrer eigenen alltäglichen Wirklichkeit herstellen.

Schwerpunkt dieses Werkes nach diesen hochinteressanten methodischen Grundlegungen ist aber eine systematische Deutungslehre, die alle Horoskopfaktoren und deren Kombinationen mit prägnanten, eingängigen Texten vorstellt – und ihrem ganz spezifischen Bedeutungsgehalt eben für die Mundanastrologie! So entsteht ein komplettes Lehrbuch und Nachschlagewerk, das man umso mehr schätzt, als fast jede Aussage mit mehreren Fällen belegt, mit beispielhaften Deutungen illustriert wird. Astrologie Heute Nr. 128/2007

CHIRON VERLAG

Standardwerke der Astrologie

BERNADETTE BRADY

Astrologie zwischen Chaos und Kosmos

*Schicksal, freier Wille und die
Ordnung des Lebens neu gesehen*

212 Seiten, Hardcover, 12 Abbildungen

ISBN 978-3-89997-163-7

In diesem bahnbrechenden Buch setzt sich
Bernadette Brady intensiv mit der Kritik an der Astrologie ausei-
nander. Sie geht dabei von der Chaostheorie aus, der zufolge schon
kleinste Veränderungen zum richtigen Zeitpunkt zu ganz neuen
Strukturen führen können. Diesen Ansatz verbindet sie mit den astrologischen Prognosetechniken und zeigt Ihnen, wie Sie Veränderungen annehmen können – ja, wie Sie diese geradezu selbst herbei-
führen können.

*»Möglicherweise stehen wir jetzt an einem Wendepunkt: Mit der
Chaos-Theorie können wir diesen Paradigmenwechsel nun kritisch
hinterfragen – sei es innerhalb der Astrologie und ihrer Geschichte,
sei es außerhalb der Astrologie in der allgemeinen Betrachtung dessen, wie Natur und Seele ›wirken‹. Ich glaube, dass dieses Buch ein
Meilenstein ist.«* Meridian 5-2008

CHIRON VERLAG

Standardwerke der Astrologie

RAYMOND MERRIMAN

Astrologie in der Entwicklung

Karma, Bewusstsein und die Entfaltung der Seele

361 Seiten, Hardcover, 17 Abbildungen
ISBN 978-3-89997-219-1

Warum vollziehen sich Veränderungen in unserem Leben? Die Astrologie der Entwicklung gibt auf diese Fragen eine Antwort. Diese Veränderungen haben ein Ziel, auch wenn die Betroffenen dieses zunächst nicht wahrnehmen. Bei jedem Ereignis verändern sich die Lebewesen. Sie bewegen sich auf etwas zu, gehen irgendwohin, auch dann, wenn das nicht immer klar definiert ist oder klar von demjenigen verstanden wird, der sich diesem Wandel unterzieht. Diese Suche ist jedoch nicht auf die Grenzen einer einzigen Lebenszeit beschränkt, noch geht es lediglich um eine einzige Periode in der Geschichte der Menschheit.

Das Horoskop ist ein Schlüssel bei dieser Suche, denn es enthält die Geschichte der Seele und gibt Antwort auf die Frage: „Warum bin ich hier?" Es enthält die Stärken und Schwächen, beschreibt die Lektionen, die gelernt wurden, und diejenigen, die noch zu lernen sind. Es beschreibt die Natur der Reaktionen in früheren Leben sowie das Potenzial der befreienden Reaktionen im jetzigen Leben. Aus dieser Perspektive bespricht der Merriman ausführlich die Faktoren und Zyklen des Horoskops, stellt die wichtigsten Übergänge vor und zeigt Ihnen, wie Ihnen eine Sinnkrise zum Durchbruch verhilft. Dies ist das ideale Begleitbuch für eine erfolgreiche Reise der Seele.

»Durch das Buch von Merriman lernen wir, das Geburtsbild als Entwicklungsplan der Seele zu interpretieren. Die zahlreichen Erfahrungen, die wir leben, werden in dieser Arbeit als wichtige Lernprozesse verstanden, die das Wachstum und das Wissen der Seele erweitern und voranschreiten lassen. ...«

Astrologie Heute Nr. 168

CHIRON VERLAG

Standardwerke der Astrologie

ERIN SULLIVAN

Astrologie der zweiten Lebenshälfte

Die Chance, bei sich selbst anzukommen

321 Seiten, Hardcover, 14 Abbildungen

ISBN 978-3-89998-155-2

Ein Leben ist dann ein erfülltes, wenn das Ende etwas mit dem Anfang zu tun hat. In der Mitte des Lebens begegnen wir tiefgreifenden Veränderungen in unserer Psyche. Man spricht auch davon, dass wir in dieser Zeit zu unserem bislang nicht gelebten Leben wechseln. In diesem Buch analysiert die Autorin tiefschürfend die Herausforderungen, die uns in der Lebensmitte begegnen. Allerdings sieht sie darin nicht in erster Linie den beginnenden körperlichen Niedergang. Vielmehr erleben wir in diesem Lebensabschnitt die Metamorphose zur vollen Reife. In diesem Buch erfahren Sie, welche Planetenzyklen zu welchem Zeitpunkt in der zweiten Lebenshälfte eine bestimmende Rolle einnehmen. Vor allem aber zeigt die Autorin Ihnen, wie Sie Ihr Leben gerade nach dem Übergang noch bewusster gestalten können, um ganz bei sich selbst anzukommen.

»Das Buch dient nicht nur der eigenen Biografiearbeit oder Zukunftsplanung. Es ist auch für die Beratung und das Verständnis für die Situationen älterer Klienten sehr wertvoll. Kein Buch, das man einmal liest und weglegt. Vielmehr ist es ein ausführliches Nachschlagewerk, das man immer wieder in die Hand nehmen kann, das den Leser in den unterschiedlichen Lebensphasen begleitet und bei der Lebensbewältigung unterstützt.«

Astrologie Heute Nr. 135

CHIRON VERLAG

Standardwerke der Astrologie

KLEMENS LUDWIG

Astrologie in der Kunst

4000 Jahre kosmische Harmonie und Ästhetik

234 Seiten, Hardcover, 72 z.T. farbige Abbildungen
ISBN 978-3-89997-216-0

Zahlreiche Gemälde, Fresken, Mosaike, Skulpturen, Plastiken, ebenso wie Kathedralen, Glockentürme, Schlösser und Rathäuser legen Zeugnis davon ab, dass Astrologie und Kunst zusammen gehören. Das gilt für alle Epochen: Von den unbekannten Erbauern der romanischen und gotischen Kathedralen über Leonardo da Vinci, Tizian und Albrecht Dürer bis hin zu Salvador Dali und Andy Warhol haben sich Künstler von der Astrologie inspirieren lassen.
Bei genauerem Hinsehen ist diese Verbindung nicht überraschend; im Gegenteil, beide ergänzen sich: die Kunst bringt geistige Ideen der jeweiligen Zeit zum Ausdruck. Die Astrologie macht diese Ideen durch eine uralte und zeitlose Symbolsprache erfahrbar und gibt den Menschen Orientierung bei der Suche nach ihrem Platz im Kosmos. Beide vereint die Sehnsucht nach der kosmischen Harmonie und Ästhetik.
Das vorliegende Buch bietet einen umfassenden Überblick über Kunstwerke mit astrologischer Symbolik, stellt diese in einen gesellschaftlichen, kulturellen und kunsthistorischen Zusammenhang und erklärt deren Symbolgehalt. Der Autor gibt Ihnen bei diesem Gang durch die europäische Kunstgeschichte einen Wegweiser zu den astrologisch beeinflussten Kunstwerken.

»Interessant ist auch die Unterscheidung zwischen direkten und indirekten Symboldarstellungen, die ihre astrologischen Inhalte an unterschiedliche Personenkreise vermitteln. Die fachliche Kompetenz des Autors ist überall spürbar. Sehr gut: Am Ende findet sich ein nach Ländern geordnetes Verzeichnis der astrologischen Fundstücke. Ein schönes Buch nicht nur zum Verschenken, sondern auch zur eigenen Freude.«
Astrologie Heute Nr. 166

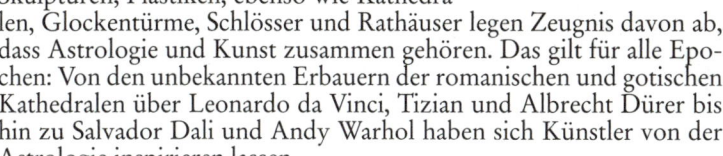

CHIRON VERLAG

Standardwerke der Astrologie

THOMAS KÜNNE/MONIKA HEER

Fabelhafte Astrologie

78 Tierkreis-Archetypen zum Leben erwecken

295 Seiten, Hardcover
ISBN 978-3-89997-231-3

Thomas Künne · Monika Heer
Fabelhafte Astrologie
78 Tierkreis-Archetypen
zum Leben erwecken
CHIRON VERLAG

In der Fabelhaften Astrologie werden die zwölf Tierkreisprinzipien wechselseitig miteinander kombiniert. Daraus ergeben sich 78 Archetypen, die eine große Bandbreite der menschlichen Erfahrung abbilden. Am Anfang steht jeweils eine Fabel, die das Prinzip lebendig darstellt. Es folgt eine astrologische Erläuterung, in der sich Licht- und Schattenseiten spiegeln. Für die Fabelhafte Astrologie gibt es verschiedene Lesarten. Sie können sich die Frage stellen, welche Tierkreiszeichen zueinander passen, was sie einander zu erzählen haben oder auf welche Art und Weise sie sich gegenseitig herausfordern? Sie können diese als Inspiration für die Deutung eines Horoskops nutzen. Ebenso können Sie damit einzelne Konstellationen in Ihrem Horoskop zu sich sprechen lassen. Oder sie nutzen die Texte ähnlich wie die 78 Tarotkarten als Orakel, indem sie sich eine Frage stellen und anschließend „zufällig" eine Seite aufschlagen. Im besten Fall schenkt Ihnen die Fabel eine neue Einsicht oder die Beschreibung von zwei Urprinzipien im Zusammenspiel beschert Ihnen einen neuen Denkanstoß, wie Sie diese zum Leben erwecken können.

»Wer gerne in Bildern denkt und bereit ist, sich von kreativen Geschichten anregen zu lassen, braucht dieses Buch. Wer die Symbolkombinationen lernen möchte, wird mit der «fabelhaften Astrologie» ohne trockenes Auswendiglernen lustvoll lesend glücklich sein.«
Astrologie Heute Nr. 169

CHIRON VERLAG